HELENA RAQUEL

LIBERTANDO A ALMA

A JORNADA DO PERDÃO

EDITORA VIDA
Rua Conde de Sarzedas, 246 — Liberdade
CEP 01512-070 — São Paulo, SP
Tel.: 0 xx 11 2618 7000
atendimento@editoravida.com.br
www.editoravida.com.br
@editora_vida /editoravida

Editora-chefe: Sarah Lucchini
1ª Edição: Maurício Zágari
2ª Edição: Sarah Lucchini
Revisão ortográfica: Eveline Oliveira,
Paulo Oliveira e Raquel Fleischner
Revisão de provas: Eliane Viza
e Mara Eduarda V. Garro
Projeto gráfico: Claudia Fatel Lino
e Vanessa S. Marine
Diagramação: Carla Lemos
Capa: Vinicius Lira

LIBERTANDO A ALMA: A jornada do perdão
© 2023, by Helena Raquel

Todos os direitos desta edição em língua portuguesa são reservados e protegidos por Editora Vida pela Lei 9.610, de 19/02/1998.

É proibida a reprodução desta obra por quaisquer meios (físicos, eletrônicos ou digitais), salvo em breves citações, com indicação da fonte.

∎

Exceto em caso de indicação contrária, todas as citações bíblicas foram extraídas da *Nova Versão Internacional* (NVI) © 1993, 2000, 2011 by International Bible Society, edição publicada por Editora Vida. Todos os direitos reservados.

Todas as citações bíblicas e de terceiros foram adaptadas segundo o Acordo Ortográfico da Língua Portuguesa, assinado em 1990, em vigor desde janeiro de 2009.

∎

As opiniões expressas nesta obra refletem o ponto de vista de seus autores e não são necessariamente equivalentes às da Editora Vida ou de sua equipe editorial.

Os nomes das pessoas citadas na obra foram alterados nos casos em que poderia surgir alguma situação embaraçosa.

Todos os grifos são do autor, exceto os indicados.

1. edição: set. 2023

Dados Internacionais de Catalogação na Publicação (CIP)
(Câmara Brasileira do Livro, SP, Brasil)

Raquel, Helena
    Libertando a alma: a jornada do perdão / Helena Raquel. — 1. ed. — Guarulhos, SP: Editora Vida, 2023.

    ISBN 978-65-5584-448-1
    e-ISBN 978-65-5584-447-4

    1. Alma - Cristianismo 2. Crescimento espiritual 3. Libertação espiritual 4. Perdão - Aspectos religioso - Cristianismo I. Título.

23-168733   CDD-236.22

Índice para catálogo sistemático:
1. Alma : Cristianismo   236.22
Aline Graziele Benitez - Bibliotecária - CRB-1/3129

"NÃO PERDOAR É IMPERDOÁVEL."

> "MAS SE VOCÊS NÃO PERDOAREM, TAMBÉM O SEU PAI QUE ESTÁ NO CÉU NÃO PERDOARÁ OS SEUS PECADOS."
>
> — JESUS CRISTO
> MARCOS 11.26

DEDICATÓRIA

Dedico este livro ao meu primo Daniel Carlos, uma pessoa singular.

Faço-o como expressão de profunda gratidão por todo o bem que ele fez aos nossos avós e à minha mãe, que também é dele.

Daniel soube honrar suas raízes, soube retribuir o que recebeu e até entregar mais do que recebeu.

Quem o tem por perto vive melhor, porque ele facilita a vida com sua alegria e generosidade.

Sou privilegiada em tê-lo como primo e ser amada por ele como uma irmã.

SUMÁRIO

Prefácio 9

7 Conselhos da Autora 11

Introdução 13

Capítulo 1 E tudo começou assim... 21

Capítulo 2 Acumulando entulhos na alma 39

Capítulo 3 Quando o pior acontece 55

Capítulo 4 Uma brisa em meio à dor 71

Capítulo 5 Escape da morte 87

Capítulo 6 Conclusão 101

Capítulo 7 Helena Raquel responde 109

Capítulo 8 Algumas gotas a mais 127

Depoimentos 141

PREFÁCIO

Num momento desafiador em sua vida, de ressentimento, mágoa e tristeza, o que fazer? Afastar-se das pessoas ou administrar tais sentimentos, tratando-os? Este livro é sobre essa importante decisão! Não deixe o que de ruim alguém fez com você roubar o que de bom você decidiu ser em Deus. A proposta do Inimigo sempre será isolamento, mas a proposta do Evangelho, explícita neste livro, é tratamento e relacionamento. Por uma porta, pode até sair quem o feriu, mas por outras portas Deus pode fazer entrar quem vai ajudá-lo a ser sarado.

Como amiga pessoal da autora há quase duas décadas, pude testemunhar o processo e testificação desse frutífero resultado. Muitas pessoas a conhecem do altar, mas tenho podido aprender com ela também fora dele, numa amizade que culminou na irmandade! A mensagem deste livro primeiro a tocou, transformou-a, para depois tocar e transformar milhares de pessoas no Brasil e no mundo.

Perdão não é sugestão, é mandamento divino, por amor! Ressentimento mata; é preciso cuidar da própria mente para depois cuidar da mente alheia. Nem todos têm consciência da importância de temas como lealdade e perdão. Você encontrará aqui uma profunda reflexão sobre tais temas que, se lida com o coração quebrantado, reverberará em uma nova postura em suas relações!

Quem não perdoa está cavando a própria cova! Não desista de dar uma chance a alguém, mesmo que de maneira diferente. Em alguns casos, você pode promover para si mesmo uma nova chance e, sobretudo, chancelar a libertação da sua alma! Este livro vai ajudá-lo a encontrar esse caminho.

Boa leitura!!!

CARLA REGINA
Pastora, ensinadora cristã, bacharel em Teologia e pós-graduada em Religião e Cultura Judaica

7 CONSELHOS DA AUTORA

1. Não jogue o livro fora. Sim, ele vai confrontá-lo, e você se sentirá profundamente desconfortável no início, mas é para o seu bem. Você se lembra do mertiolate?
2. Antes de embarcar na Jornada do Perdão, reserve alguns minutos para oração. Fale com Deus sobre o quanto você deseja começar e concluir essa jornada.
3. Chore sempre que desejar. As lágrimas são um presente divino para aliviar a nossa alma.
4. Tenha em mãos caneta para marcar e anotar tudo o que queira. Não use este livro tendo em vistas emprestá-lo ou doá-lo após a leitura. Tenha liberdade para suas anotações. O livro é seu e agora faz parte da sua vida.
5. Faça os exercícios no fim de cada capítulo. (Eu disse para você fazer, tá?) Essa parte é imprescindível para o sucesso da nossa jornada.
6. Seja paciente com você e leia no seu tempo; só não abandone a leitura.
7. Leia a Bíblia. Confira tudo na Bíblia; ela é insubstituível.

INTRODUÇÃO

Nasci em um lar cristão, vivi meus melhores dias na Casa de Deus e aprendi desde muito cedo a importância do amor, do perdão, da paz entre os irmãos, coisas tão simples e ao mesmo tempo fundamentais.

Minha família, embora com princípios cristãos e tendo a maioria de confissão cristã, sempre revelou certa propensão aos ressentimentos. Infelizmente, em minha família vi pessoas que se amavam deixarem de conversar por quase uma década, apenas por não concordarem em um assunto.

Vi irmãos se ofenderem por míseros reais. Vi e vivi coisas que ainda estão nítidas na minha memória com a certeza do que eu não quero nem desejo reproduzir em minha vida, em minha história.

Pessoas foram para a Eternidade sem desfrutar do melhor ao lado de alguém. Palavras não ditas, abraços não dados, dias não vividos. O ressentimento é um ladrão silencioso. Ele só rouba e rouba.

A família que chega em um belo carro no domingo pela manhã à igreja pode trazer no porta-malas mágoas ocultas. A voluntária que sorri amavelmente para os irmãos na chegada ao culto pode não falar com a própria mãe há algumas semanas... Desculpe, mas o pregador que falou tão intrepidamente na conferência de famílias pode ter alguns ajustes pendentes há algumas décadas com seus familiares.

Eu e você também enfrentamos os mesmos desafios que eles. Ressentimento é assunto de gente, é com a gente, é sobre a gente, e não apenas com o outro.

Sim, como já relatei, minha família de maioria cristã foi um exemplo disso que, hipoteticamente, descrevi no último parágrafo.

Em minha família materna, ressentimento sempre foi um tema sensível e desafiador, mas na minha minúscula família paterna não. Meu pai sempre foi aquele exemplo incrível de um coração perdoador, daquele tipo que até faz raiva na gente (escrevo isso sorrindo). Daqueles que a gente pergunta: "Mas já perdoou?". Meu pai tem uma facilidade enorme em perdoar e em pedir perdão. Ele é, sem dúvida, uma inspiração em muitas coisas para mim, mas especialmente nessa.

Cresci acreditando piamente parecer bastante com meu pai nesse sentido. Por mais de trinta anos, eu me vi como alguém para quem ressentimentos nunca foram problemas e perdoar nunca foi um desafio. Que "sorte" a minha não ter herdado esse traço familiar materno, que "sorte" a minha não ser facilmente ressentida, não guardar ofensas e perdoar com a maior rapidez, ou pelo menos acreditar de fato nisso até ser duramente provada pela primeira vez na área da ofensa e, consequentemente, do perdão.

Sim, você só saberá realmente qual a sua capacidade de perdoar após sofrer uma ofensa, de fato, e não um pequeno belisco no seu ego.

Introdução

Na maioria das vezes que Deus quiser lhe conferir maior autoridade em uma área, ele mesmo o aperfeiçoará através de experiências pessoais nela. Não é um caminho fácil, mas necessário.

Quando Jesus se comunicava, alguém concluía que ele falava de modo diferente dos fariseus; ele falava como quem tem autoridade. Assim ele deseja fazer conosco. Ele quer nos dar autoridade em alguns assuntos, em algumas questões da vida. Perceba a vida dos profetas na antiga aliança e você conferirá isso sem a menor dificuldade.

No ano de 2013, sendo já pastora ao lado do meu marido e evangelista pregando pelo Brasil, enxerguei-me como vítima de uma grave ofensa. Faço questão de afirmar que "me enxerguei" assim. É razoável que você questione suas certezas quando se sentir ofendido. Nem sempre as coisas acontecem como acreditamos quando nossos sentimentos estão abalados. Revisite o que aconteceu buscando em Deus a verdade sobre isso, e não apenas a sua verdade. É um exercício saudável e fundamental.

> **Jesus quer nos dar autoridade em alguns assuntos, em algumas questões da vida.**

Eu havia sido ofendida e estava magoada, isso era um fato para mim. Ainda me lembro de alguns detalhes e do que normalmente costumava fazer em situações assim. Orei e declarei o perdão, pedindo que Deus sarasse o meu coração. Como pensava ser exatamente como meu pai, imaginei que em poucos dias tudo estaria bem comigo, mas não foi o que aconteceu. Eu havia sido ferida de morte ou havia "me ferido" de morte. Sim, algumas vezes a espada de alguém nos transpassa, outras vezes nós mesmos nos lançamos sobre a espada.

Lembrei-me agora de Acabe e Saul. Diante de uma ofensa, podemos nos proteger de um ferimento maior ou nos colocar de forma a nos ferirmos ainda mais. Infelizmente, naquele momento fiz a pior escolha.

Ofensa, ressentimento, lealdade, mas especialmente PERDÃO. Sim, esse assunto é de especial interesse para mim, pois tive de aprender sobre ele "na pele". Esse período foi um dos mais difíceis da minha vida; vivi uma crise terrível, avassaladora. Experimentei algo sobre a ofensa que alguns de vocês já experimentaram. Eu não fui ofendida uma única vez, eu me vi em uma estação de ofensa, em que simplesmente não havia cessação, retratação ou pedido de perdão. Cada vez a ofensa crescia mais.

Não podemos depender do outro para libertação da nossa alma. O trabalho duro é nosso, a decisão é nossa, a cura vem de Deus. Lembro-me de ter orado muitas vezes nesse sentido, até mesmo orando a própria Palavra: "Tira a minha alma da prisão, para que louve o teu nome [...]" (Salmos 142.7 – ACF). A ofensa aprisiona a alma.

Eu precisava e queria muito ouvir a voz de Deus. Quando estamos passando por tempos difíceis, é tudo o que desejamos. Eu dizia ao Espírito Santo: "Fale comigo, eu preciso muito ouvir a sua voz". Apesar disso, Deus não me dizia nada de forma direta.

Quando Deus não lhe falar diretamente sobre algo, busque saber o que a Bíblia diz sobre isso.

Eu queria ouvir a opinião de Deus, entende? Queria que Deus me dissesse se eu estava errada ou certa. Será que Deus estava a meu favor? Algumas vezes, queremos ouvir de Deus sobre o que ele já disse, sobre o que para ele é mandamento, logo não precisa de repetições particulares. Quando Deus não lhe falar diretamente sobre algo, busque saber o que a Bíblia diz sobre isso. O que eu tanto queria saber, a Bíblia já havia me respondido.

Introdução

Passei alguns meses com a alma ferida, o coração sangrando, sentindo dores na alma, vendo tudo sem cor. Ah, o poder da ofensa é devastador. Tudo que eu queria era ouvir a voz de Deus, mas ele parecia fazer silêncio.

Certo dia, eu havia acabado de ministrar na minha querida igreja Assembleia de Deus Vida na Palavra (ADVIP), na cidade de Queimados, no Estado do Rio de Janeiro, quando desci do púlpito e uma irmã aproximou-se de mim. Uma preciosa profetiza do Eterno, Fabiane Figueró, me disse assim: "Pastora, tenho uma palavra de Deus para lhe entregar. Posso?". De pronto, concordei. Desde quando legítimos profetas precisam de autorização para dizer aquilo que Deus manda? Sendo assim, ela me disse: "Deus me mandou dizer que a senhora não é Aitofel". Ela me abraçou e saiu.

Como? Oi? Surpresa! Levemente ansiosa... Foi esse o sentimento que tive naquele instante. Depois daquela palavra, que eu sabia ser profética, pensei comigo mesma: "Meu Deus, a coisa está tão ruim para o meu lado que, quando o Senhor finalmente decide falar comigo, me manda uma mensagem codificada!". O que será que Deus queria dizer com aquilo?

Corri para casa. Fui logo pegando a Bíblia e outros livros para, de uma vez por todas, descobrir quem eu não era. Quem era Aitofel? Com quem eu não deveria me parecer? Lembrava-me vagamente de algo envolvendo Davi e Saul, mas misturava as lembranças e não chegava a lugar algum. Meus pensamentos se ofuscavam em meio a essa mensagem tão inesperada. Ainda me lembro do modesto apartamento em que eu morava na ocasião, do meu antigo sofá azul-marinho cheio de Bíblias e livros. Na mesma noite, fui pesquisar avidamente. Ali mesmo, naquele sofá, meus cacos foram recolhidos e o processo de cura e perdão começaram. Não era sobre parecer com o meu pai terreno; era sobre parecer com o meu Aba, meu Pai Eterno.

Quando finalmente encontrei a história de Aitofel, minha vida foi impactada.

Quem era Aitofel? "Depois de oferecer sacrifícios, Absalão mandou chamar da cidade de Gilo Aitofel, que era de Gilo, conselheiro de Davi" (2 Samuel 15.12).

Aitofel (אֲחִיתֹפֶל) significa irmão da insensatez, da tolice. Apesar do nome — que pode ter sido mudado propositalmente —, sua sabedoria fora altamente estimada pelo rei e pela sua família. Natural de Gilo (cidade na região das montanhas de Judá), foi conselheiro particular do rei Davi. "Naquela época, tanto Davi como Absalão consideravam os conselhos de Aitofel como se fossem a palavra do próprio Deus" (2 Samuel 16.23).

> **Deus estava me abrindo uma porta, uma porta pela qual eu passaria e milhares de pessoas comigo.**

Havia tanto para eu meditar sobre ele, sobre sua história, sua vida. Minutos antes, uma mensagem havia chegado ao meu coração e com ela também um novo tempo: "Deus me mandou dizer que a senhora não é Aitofel!".

Deus estava me abrindo uma porta, uma porta pela qual eu passaria e milhares de pessoas comigo. Aquele recado me reservava muito mais do que eu pensava. A história de Aitofel é chocante. Apesar disso, ela nos revela algumas verdades. A primeira delas é que o ressentimento mata.

Naquele dia eu me levantei, fui cuidar de mim, do meu coração, da minha mente. Perdoei! Recoloquei pessoas na história da minha vida, aceitei a saída voluntária de outras... Vi toda a minha vida começar a mudar pelo poder do perdão.

Essa mensagem não poderia se extinguir em mim. Depois de algumas semanas, preguei-a em minha igreja. Ela foi filmada e postada no meu canal no YouTube, alcançando milhares de pessoas. Mais tarde, tornou-se também o título do meu primeiro livro: *Eu não sou Aitofel*.

Milhares de exemplares espalhados pelo Brasil e pelo mundo, inúmeros testemunhos de vidas e famílias restauradas pelo poder do perdão.

Agora está em suas mãos nosso novo livro, ainda mais belo, mais forte e com o mesmo perfume do primeiro.

Eu perdoei. Ame, perdoe e viva.

HELENA RAQUEL

CAPÍTULO 1

E tudo começou assim...

"O perdão esclarece o passado e protege o futuro."

— MAX LUCADO

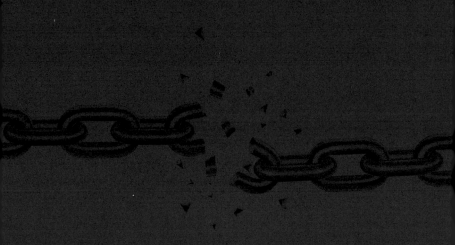

"Sejam bondosos e compassivos uns para com os outros, perdoando-se mutuamente, assim como Deus os perdoou em Cristo."

– EFÉSIOS 4.32

"Aitofel era do conselho do rei;
Husai, o arquita, amigo do rei."
(1 Crônicas 27.33)

Aitofel era do conselho do rei, mas quem era Aitofel? Davi, segundo rei de Israel, tinha ao seu redor homens de sua extrema confiança. Entre estes, havia um homem, Aitofel[1], gilonita (natural de Gilo[2]), que era um dos seus principais conselheiros.

Não somos reis nem rainhas, mas quando precisamos de um conselho, buscamos somente pessoas de nossa inteira confiança.

Elegemos como conselheiros pessoas confiáveis, íntegras, discretas, experientes e normalmente com quem já construímos um relacionamento forte e profundo. Esse é o perfil do conselheiro.

Sabemos exatamente a importância de um conselheiro e de um conselho. O dito popular desacredita o conselho, afirmando que se este fosse bom seria vendido, e não doado, mas a Bíblia exalta o conselho. Ela diz: *"Não havendo sábios conselhos, o povo cai, mas na multidão de conselhos há segurança"* (Provérbios 11.14 – ACF). A Bíblia tem razão. Homens do nível de Moisés e Davi recebiam conselhos e os acatavam.

Aitofel era um conselheiro real, alguém que atendia a essas nobres características apresentadas. Esse homem, segundo a Bíblia, aconselhava com tanta inteligência e os seus conselhos

---

[1] AITOFEL, no hebraico, significa "irmão de loucura".
[2] GILO, em hebraico, significa "exílio", era uma aldeia da parte montanhosa de Judá, situada ao sul de Hebrom.

traziam resultados tão incríveis que a palavra que saía da sua boca era comparada aos oráculos de Deus.

Ele falava, e as pessoas, ao verem o resultado diziam: "É como se Deus estivesse falando". E ele ali estava no reinado de Davi. Um conselheiro tão excelente que logo se tornou bem mais do que conselheiro, tornou-se amigo íntimo do rei Davi.

Davi dizia que eles iam juntos à Casa do Senhor, como amigos chegados... amigos e companheiros no exercício devocional, na religião, na vida espiritual. Laços extremamente fortes e importantes.

É muito importante a construção de vínculos deste nível: amigos chegados, irmãos amados. Não precisamos ter medo de construir amizades, de nos relacionar com pessoas, somos seres sociais. Deus fez o homem para relacionar-se. A Bíblia diz: *"E disse o Senhor Deus: não é bom que o homem esteja só"* (Gênesis 2.18a – ACF).

Construir amizades, relacionar-se com pessoas, é fundamental para uma vida feliz e equilibrada; entretanto, algo de grande importância precisa ser objeto de nossa atenção e cuidado: a deslealdade.

Entre pessoas íntimas, a tentação da deslealdade é sempre maior, pois não somos tentados a ser desleais a quem não conhecemos, com quem não convivemos ou com quem tivemos poucas oportunidades de relacionamento. As tentações de deslealdade sempre estão envolvendo pessoas íntimas, que caminham juntas, que se amam, pessoas que constroem um histórico de vida.

É necessário cuidado com isso, pois estamos lidando com pessoas, com corações. São amigos, irmãos na fé, familiares, cônjuge, pessoas que decidiram caminhar ao nosso lado, pessoas que confiam em nós. A deslealdade será uma tentação existente em momentos conflituosos, mas a lealdade será uma opção sempre acessível a quem deseja manter-se digno e fiel.

Manter-se leal não é simples, porque lealdade exige escolha, exige posicionamento. E Aitofel estava junto a Davi, construindo uma história de conselheiro, de intermediador, de alguém sábio, alguém idôneo, que é ouvido e atendido, que expressa confiança no reinado de Davi. Tudo ia bem entre eles.

A deslealdade será uma tentação existente em momentos conflituosos, mas a lealdade será uma opção sempre acessível a quem deseja manter-se digno e fiel.

Construir uma história com alguém não é uma tarefa fácil, mas é maravilhoso. Passo a passo, sem invasões, conquistando, amando, conhecendo, fortalecendo naturalmente a aliança. Uma história de amizade e amor demora a ser construída, mas pode facilmente ser destruída.

Davi considerava Aitofel um amigo importante, ao seu lado em todas as horas, e Aitofel retribuía cooperando para o sucesso do reinado de Davi. Relacionamentos normalmente são como uma via de mão dupla; são desenvolvidos a partir da reciprocidade, e como é bela a lei da reciprocidade!

Sempre que falamos: "Fiz tanto por fulano", não devemos nos esquecer de dizer: "Ele também fez muito por mim", pois nunca fazemos muito por quem não nos faz nada. Ainda que você esteja magoado com alguém, considere isto, não grite aos quatro cantos o bem que você fez, sem admitir que, independentemente dos últimos episódios, ele também fez algo bom por você.

Era uma reciprocidade: ele ajudando, aconselhando, fortalecendo e Davi acreditando, apoiando e honrando. Aitofel e Davi tinham reciprocidade entre si, como bons amigos devem ser.

Davi, rei de Israel, salmista, músico, poeta, guerreiro... Um homem segundo o coração de Deus, seguia de triunfo em triunfo. Sua vida era marcada por conquistas, vitórias, feitos heroicos e uma profunda devoção e espiritualidade. Davi era amado, admirado, querido e muitas vezes ovacionado. O grande rei Davi! Sua vida era como um livro de muitos capítulos honrosos, dignos, repletos de reverência, temor e integridade; não é nada difícil ser leal a alguém assim.

Pessoas de sucesso, prósperas, admiráveis e figuras proeminentes normalmente são rodeadas por pessoas aparentemente fiéis, dispostas a estar ao seu lado e servi-las gentilmente. De modo surpreendente, um capítulo vergonhoso e impuro surge na existência de Davi, daqueles dos quais, se pudéssemos, pularíamos ou arrancaríamos das páginas do nosso livro de vida. Mas eles acontecem, assaltam-nos, surpreendem-nos e nos arremessam ferozmente contra os rochedos nos mares em fúria.

Porém, Davi sofreu uma das maiores frustrações que um homem pode sofrer: ele fracassou diante de Deus, adulterando, mentindo e ordenando a morte de um inocente. Na hora em que Davi se envolve com uma mulher casada, ele adultera, mata, mente e ainda tenta esconder seus pecados.

O pecado tem a capacidade de fazer o homem descer a níveis nunca imaginados por ele, muito menos pelos que o cercam. O pecado é devastador.

Quando a força do pecado domina o homem, ele fica irreconhecível. Davi está irreconhecível. Eu já vi o pecado humilhar muita gente, pisotear bons nomes, desnudar drasticamente o lado mais infeliz das pessoas. Não brinque com o pecado, não subestime sua força nociva. Fuja do pecado! Resista ao diabo e fuja do pecado.

Como Aitofel deve ter se sentido após o fracasso e o pecado de Davi? Como nos sentimos quando alguém de nossa inteira confiança peca, transgride, cai e revela assustadoramente falhas de caráter que nós não conhecíamos?

E tudo começou assim...

Certamente nos sentimos decepcionados, o que em um primeiro momento é bastante comum. Precisamos compreender isso. Algumas quedas assustam as pessoas, surpreendem-nas, abalam-nas. Não é difícil entender a posição de Aitofel. Algumas notícias nos pasmam mesmo, arrebentam com a imagem positiva e intocável que tínhamos de alguém. Muitos se queixam por terem sido abandonados após uma queda, vociferam o que a família ou os amigos fizeram, mas se esquecem do quanto já decepcionaram certas pessoas.

Aitofel se sente decepcionado: "Davi pecou, fracassou, mentiu, adulterou e mandou matar". Essa grande decepção tem um agravante: Aitofel era pai de Eliã, que tinha uma filha, Bate-Seba. Portanto, Aitofel era avô da mulher que Davi tomara. Seu pecado teve como consequência a vergonha e a ruína para toda a sua casa.

Davi não havia apenas pecado. Através de seu pecado, havia prejudicado a família de Aitofel e conduzido sua neta a um caminho de vergonha e dor. Logo Davi, que não era apenas um líder, mas tinha sido também um fiel amigo.

Há uma frase que diz: "O poder de nos decepcionar não é dado aos inimigos, só aos amigos". Algum dia algum inimigo o decepcionou? Se existe um poder que nossos inimigos nunca terão é o de nos decepcionar, pois sempre esperamos o pior da parte deles. Sabe quem sempre está munido do poder de nos decepcionar? Os nossos amigos!

Nessa situação, quem seria o amigo chegado que iria decepcionar Aitofel, trazendo a amargura da decepção e da frustração? Um amigo muito íntimo, muito importante, seu líder, seu irmão na fé, alguém altamente espiritual, confiável, íntegro.

Líderes, pastores e pais que são referências podem nos decepcionar; é normal que o choque inicial nos paralise e nos entristeça, mas não podemos ser dominados de forma definitiva por tais sentimentos. Aitofel e Davi tinham uma história, eles eram amigos, eles iam juntos à Casa do Senhor.

O posicionamento de conselheiro de Aitofel já havia atravessado gerações, e a Bíblia diz que até os filhos de Davi confiavam na palavra de Aitofel. A lealdade havia passado por gerações porque um dos filhos de Aitofel se tornou um dos valentes de Davi: Eliã[3].

Eles têm um histórico de vida extenso e por demais notável para deixar um erro destruir tudo; é uma história muito profunda e forte para deixar uma decepção aniquilar todo um relacionamento de conquistas e vitórias, para arruinar uma intimidade compartilhada por gerações.

A situação é grave, a dor é forte, mas essa amizade deveria ter raízes suficientes para suportar esse vendaval. Amizades precisam de raízes, e bem profundas.

Davi estava vivendo seu pior momento, sua maior crise, seu dia mais cinzento. Nesses momentos, a amizade é provada no fogo, a lealdade é testada no seu nível máximo.

Como admitir que amizades se destruam tão facilmente, mesmo diante de uma história de vida que inclui décadas de convivência? Como entender cônjuges que juram amor eterno, mas não desculpam equívocos cometidos? É conflitante vermos pais cuidarem por toda a vida zelosamente de seus filhos, mas diante de uma confissão inesperada do filho, afirmarem que esse filho para eles morreu.

Não é possível acolhermos a ideia de que uma ovelha sirva a um ministério por anos, mas diante de uma queda, de uma fraqueza, seja expulsa da congregação, sem o oferecimento de uma nova chance, de um recomeço. Essas alianças são frágeis demais, são alianças de papel.

---

[3] ELIÃ, no hebraico, quer dizer "Deus é nosso parente".

Aitofel levou uma flechada na alma: "Davi fez isso com a minha neta?", "Não respeitou o meu filho que era um valente!", "Na minha casa?", "Provocou a morte do meu neto Urias!". Aitofel poderia ter se revoltado, procurado se vingar, mas ele não fez, nem falou nada.

Ressentimento dói, fere, magoa, decepciona, mas Aitofel não diz nada... Somente guarda.

Aitofel tinha o direito de bater na porta do palácio e dizer: "Davi, por que você agiu assim?". Alguns poderiam dizer: "Ah! Mas ele é rei, você não pode falar assim com ele". Uma pessoa íntegra não tem medo de falar a verdade, independentemente de com quem seja.

Autoridades merecem respeito, mas quando o confronto precisa ser realizado, de nada adianta guardar nossa decepção, tristeza, aflição, raiva, irritação, indignação e ressentimentos. Aitofel poderia ter batido na porta de Davi e ter dito: "Você desonrou Eliã, você desonrou Bate-Seba (se bem que ela concordou), você desonrou Urias e você me desonrou".

A pastora Joyce Meyer, em seu livro *Faça um favor a si mesmo... Perdoe*, afirma: "Embora sejamos chamados à paz e devamos buscar e perseguir a paz, termos medo de confrontar as pessoas que estão nos maltratando não é a forma correta de lidar com o conflito [...] O confronto em amor — aquele que vem da parte de Deus — começa ao confrontarmos alguém apenas quando Deus nos dirige a fazer isso no momento de Sua escolha [...]. Fale sobre o problema de maneira calma e amorosa e tente fazer isso em uma conversa simples e sincera". Esse é o caminho, busque a direção de Deus e fale, converse, confronte, dialogue. A palavra é terapêutica; falar auxilia o processo de cura.

Aitofel, procure Davi, abra seu coração, exponha o seu descontentamento, revele a sua dor! Não; ele não fez nada disso. Ele apenas pensou: "Vou deixar o tempo passar, o tempo vai me curar".

Tempo não cura nada; onde você aprendeu que tempo cura? Tempo nada cura, pois ressentimento vira raiz de amargura, e ela faz com que muitos se desviem da fé. A Bíblia diz: *"Tendo cuidado de que ninguém se prive da graça de Deus, e de que nenhuma raiz de amargura, brotando, vos perturbe e por ela muitos se contaminem"* (Hebreus 12.15 – ACF).

Há pessoas que estão se desviando da fé porque guardaram uma raiz de amargura, dizendo: "O tempo vai curar". O tempo nada irá curar enquanto você não se sentar e olhar nos olhos de seu "Davi" e dizer: "Eu era seu amigo, andava com você, mas me decepcionei com você".

> **Há pessoas que estão se desviando da fé porque guardaram uma raiz de amargura, dizendo: "O tempo vai curar".**

Jesus nos ensinou como cuidar disso, só que nós não fazemos como ele instruiu. Se a nossa conduta fosse exatamente como Jesus nos ensinou, evitaríamos muitas dores e transtornos. A Bíblia diz: *"Olhai por vós mesmos. E, se teu irmão pecar contra ti, repreende-o e, se ele se arrepender, perdoa-lhe"* (Lucas 17.3 – ACF).

Quando alguém nos magoa, nos ofende, a tendência de muitos é reagir contando, espalhando para todos que "estou chateado com fulano". E quando alguém peca contra nós, a inclinação de muitos é apelar ao pastor, para que este se condoa e resolva o assunto: "Pastor, eu vim lhe dizer que o irmão fulano fez isto, isso e aquilo comigo".

Jesus não o mandou chamar o pastor, Jesus não o mandou chamar ninguém; ele disse que se seu irmão pecar contra você, você deverá se entender com ele. Na igreja existe uma inversão de valores; os gabinetes pastorais estão saturados de fofoca, "eu vim aqui para falar que fulano fez isso comigo, para falar que beltrano me tratou mal, falar que sicrano não me pagou, me tratou com indiferença e mentiu para mim".

Jesus não mandou você ir ao gabinete pastoral. Jesus disse: "Se alguém pecar contra você, vá até ele". Jesus não disse para você parar, Jesus não disse para você orar, Jesus não disse para você dar um tempo, Jesus disse: "Chame-o e repreenda-o".

"Meu irmão, por que você falou aquilo?", "Meu irmão, por que você não honrou a sua palavra?", "Irmão, naquele dia a sua palavra me feriu, me angustiou", "Meu irmão, aquilo que você fez comigo, você não me honrou; nós somos crentes e não se pode fazer assim, a Palavra de Deus não é assim."

E a Bíblia diz que se você repreender o seu irmão e ele se arrepender, você tem de perdoar, acabando o assunto ali mesmo. Você não precisa chamar pastor, não precisa chamar crente, não precisa ir a ninguém (não por essa razão); o assunto é entre você e ele. Ninguém nasce Aitofel; se você não cuidar dos seus ressentimentos, vai se tornar um Aitofel cheio de fel; sua vida espiritual vai ser arruinada; você vai perder a fluidez na oração.

Como orar magoado, ressentido, acumulando amargura? Logo, isso tudo começa a pesar, e quando nos dermos conta, estaremos paralisados pelo ressentimento. Até no relacionamento conjugal esse cuidado deve ser tomado. Observe o que a Bíblia diz: *"Igualmente vós, maridos, coabitai com ela com entendimento, dando honra à mulher, como vaso mais fraco; como sendo vós os seus coerdeiros da graça da vida; para que não sejam impedidas as vossas orações"* (1 Pedro 3.7 – ARC).

Se você não tratar dos seus ressentimentos, um dia vai querer fazer as coisas que sempre fez e vai perceber que não tem mais habilidade para isso. O Espírito de Deus está lhe dizendo: *"Leve a sério o seu coração"*. A Bíblia diz: *"Sobre tudo o que se deve guardar, guarda o teu coração, porque dele procedem as saídas da vida"* (Provérbios 4.23 – ARC).

Aitofel não levou seu próprio coração a sério e voltou para Gilo, sua cidade natal, e lá ficou. Os anos se passaram, e ele continuou no propósito de "vou ficar no meu canto, depois eu supero, depois eu esqueço". Entretanto, a amargura está ali, deixada para o tempo curar, mas o tempo não cura. "Se você não perdoar, você estará no caminho de seu desastre" (Pastor Jimmy Swaggart).

"Já se passaram vinte anos que vivo com essa mágoa, mas continuo crente": você está caminhando para a morte. "Eu guardo essa mágoa há dez anos e prego": você está caminhando para o abismo. Quem não perdoa está caminhando para o seu próprio desastre.

Você está sobrevivendo, se arrastando, mas isso pode não durar por muito tempo. Ressentimentos minam as colunas da casa, corroem as nossas estruturas, e quando menos imaginamos, desabamos.

A Bíblia diz que o tempo passou, e sabe o que aconteceu com Davi? Deus cuidou de Davi; Deus corrigiu Davi. Mas e Aitofel? Aitofel continuou com fel. Deus puniu Davi e permitiu que as consequências viessem para a sua casa. E Aitofel? Aitofel continuou com fel. Davi confessou o seu pecado, e Deus o perdoou. E Aitofel? Continuou mergulhado em seu próprio fel.

Deixe Davi com Deus, quem cuida do outro é Deus. O tempo que nos ocupamos com o pecado do outro deveríamos chorar pelos nossos próprios pecados, investir tempo em nossa própria restauração. Não seja um fiscal de comportamento em sua igreja, você está perdendo seu tempo.

O tempo que estamos querendo curar o outro seria para nós estarmos sendo curados! O tempo passou, e Davi se humilhou, chorou e foi perdoado; compôs canções e salmos. E Aitofel? Aitofel está lá... exilado, amarrado, entristecido, torto.

As pessoas já pecaram, já se confessaram, já se arrependeram, e você está aí amarrado, torto. Sua filha perdoou o marido e já voltou para o seu genro, e você ainda está pensando: "Quando eu olho para ele, eu tremo".

Seu filho já está viajando com a nora de novo porque ele ama aquela mulher, e você ainda está se remoendo: "Eu não perdoo e não posso olhar para ela". As pessoas estão sendo curadas, e você está se amargurando; as pessoas estão se levantando, e você está caindo. O tempo em que estamos "cuidando" do erro do outro, estamos morrendo.

EU PERDOEI

"Perdoar. Por muito tempo eu confundi esse sentimento. Creio que muitas pessoas também confundem. Meu pai era viúvo com 11 filhos quando se casou com minha mãe, que era 20 anos mais nova. Ela assumiu a casa e essa responsabilidade, teve mais cinco filhos. Eu imagino o quanto foi difícil para ela.

Com meus nove anos, ela não aguentou e foi embora de casa. Ficou anos sem dar notícias. E os irmãos mais velhos diziam: 'Sua mãe não presta, sua mãe não vale nada'.

Meu pai era um exemplo para mim: não bebia, não fumava, trabalhador, e, por um momento, criei uma barreira em relação à minha mãe. Mas eu aceitei Jesus, e a minha primeira lição foi: 'Honra teu pai e a tua mãe para que se prolonguem os teus dias'.

Eu me sentia abandonada, traída e acabei adotando outras mulheres como 'mãe' na igreja. Depois de um tempo, consegui encontrar a minha mãe e, para honrar a Palavra de Deus, eu sempre depositava um valor para ela, mesmo não a amando como deveria por mágoa, mas eu queria fazer alguma coisa como cristã.

Após eu ter casado e passado por vários processos difíceis, Deus foi me fazendo entender que muitas mulheres deixam os filhos por se sentirem incapazes de fazê-los felizes.

Deus permitiu que a minha mãe fosse acometida de Alzheimer. Arrumamos alguém para cuidar dela porque a barreira nos impedia de mantermos uma convivência. Talvez se ela tivesse se explicado e pedido perdão, seria mais fácil, mas aí estava a confusão. O perdão independe se nos é pedido. O perdão não é para quem pede, mas para quem o libera. Perdoar alguém que não se arrepende nos faz igual a Cristo. Eu amo a minha mãe e só entendi isso quando eu não precisei ouvir nenhuma justificativa dela para ser livre da mágoa.

Perdoar nos faz parecidos com Deus, que nos amou e perdoou mesmo sabendo que para muitos de nós isso não faria diferença. Simplesmente porque ele sempre nos amou. E fez questão de mostrar isso.

Hoje eu convivo com minha mãe. Ela mora na casa da minha irmã e nem parece que vivemos tanto tempo separadas."

VANILDA BORDIERE
Missionária, compositora e cantora

NA JORNADA

Reconecte-se com a verdadeira história. Responda de forma sincera.

1. Como estava a sua vida antes da ofensa que você sofreu?
_____
_____
_____

2. Qual importância o ofensor tinha em sua vida?
_____
_____
_____

3. Você fez o seu ofensor saber que o ofendeu ou escondeu?
_____
_____
_____

4. Diante da leitura do primeiro capítulo deste livro, você se compromete em completar a nossa Jornada do Perdão? Por quê?
_____
_____
_____

FALANDO COM DEUS

"Pai de Amor,

Agradeço-te, porque recebi uma chance de ingressar na Jornada do Perdão.
Tu és um Deus perdoador e sabes perfeitamente como me ajudar nessa jornada.
Eu confesso que sozinho(a) eu não consigo. Mas sei que pelo poder do teu Espírito minha alma será liberta.
Ajuda-me a reconhecer também os meus erros e receber o teu perdão, que é infalível."

CAPÍTULO 2

Acumulando entulhos na alma

"Quem não perdoa está preso."

– LUCIANO SUBIRÁ

"Então Pedro aproximou-se de Jesus e perguntou: 'Senhor, quantas vezes deverei perdoar a meu irmão quando ele pecar contra mim? Até sete vezes?' Jesus respondeu: 'Eu digo a você: Não até sete, mas até setenta vezes sete'."

— MATEUS 18.21-22

Ninguém nasce Aitofel, mas pode se tornar um. Na maioria das vezes, quem está nessa rota não percebe, não nota. Cheio de autojustiça, cheio de suas próprias verdades, não percebe sua própria destruição, sua autodestruição.

Possivelmente, as pessoas não imaginavam que alguém tão próximo, tão íntimo, pudesse se tornar um terrível opositor. Talvez alguém até pensasse: "Aitofel nunca mais vai se meter com Davi", "Aitofel nunca vai criticar Davi publicamente", "Aitofel é um conselheiro, um homem inteligente, vai resolver a mágoa dele com ele mesmo". O povo devia estar dizendo: "Quando Aitofel abre a boca, parece com os oráculos do Senhor. Esse homem vai ficar com esse prejuízo, quieto e calado. Vai para o canto dele e vai se resolver sozinho". Aitofel ora sozinho, cura-se sozinho, busca a Deus sozinho. Ninguém é tão forte, ninguém é tão grande, ninguém é tão crente.

Nunca avalie as pessoas pelos dons que elas têm: "parece madura, parece firme, parece crente". Grave no seu coração que em todo grande dom existem certas reservas. Quem aqui escreve é uma mulher que tem um grande dom, mas tem certas reservas.

Um grande dom não exime a nossa humanidade, não muda nossas características, nem altera a nossa personalidade. As pessoas nos idealizam perfeitas, impecáveis, mas Deus conhece a nossa estrutura, ele lembra que nós somos pó.

O Pastor Alan Brizotti, em seu livro *Quando a vida dói*, escreveu assim: "Você não é um susto para Deus. Ele sabe quem somos! Não precisamos de teatro existencial, da máscara da excelência. O que carecemos — e muito! — é de um olhar para a realidade de quem somos. Quando nos livramos da maquiagem da perfeição, alcançamos o espelho da graça, e nele vemos

> **Grave no seu coração que em todo grande dom existem certas reservas.**

não apenas o que somos, mas o que seremos a partir do abraço do Pai". Maravilhosamente e assustadoramente humanos. Como é incrível isso!

Há horas em que a gente tem de dobrar os joelhos no altar de Deus e dizer: "Não estou aguentando; o fel está me consumindo. Não estou conseguindo perdoar, não estou conseguindo esquecer". Pedir ajuda, pedir socorro, não é um gesto de covardia, mas de sinceridade e inteligência. Abra o coração, fale com alguém, peça ajuda a alguém... Mas Aitofel deixa o tempo passar, curtindo o seu fel.

Se você guardar ressentimentos em seu coração, não vai demorar muito e Satanás irá preparar uma ocasião para transformá-lo num Aitofel. "Eu não perdoo o meu irmão, mas continuo com ele; eu não perdoo o meu marido, mas continuamos deitados na mesma cama; eu não perdoo os líderes que trabalham comigo, mas continuamos na mesma equipe; eu não perdoo o meu colega de trabalho, mas continuo conversando com ele; eu não perdoo o meu irmão que está na igreja, mas na ceia até troco o cálice com ele como se nada tivesse acontecido".

Se você se encontra em alguma dessas situações, há alguém das trevas observando e aguardando a ocasião oportuna para atacá-lo. Pessoas ressentidas podem manter uma rotina normal. Alguns crimes passionais são antecedidos por uma rotina aparentemente normal; alguns suicídios são antecedidos por uma rotina aparentemente normal, mas por dentro o mal está agindo, afligindo e consumindo.

O mal tem sempre uma proposta destruidora para os ressentidos. Não guarde ressentimentos. Se alguém o feriu, vá até ele; se você feriu alguém, vá até essa pessoa. Tenha cuidado com esse sentimento de vingança que vem como um lampejo, dizendo "faça com o seu marido o que ele fez com você", pois o mal sempre tem um plano maligno para as pessoas ressentidas.

Se alguém lhe deu algum prejuízo e você não denunciou, não fez nada, mas isso está latente, está vibrando na sua alma, está gritando por justiça, por vingança, cuidado! O mal sempre tem uma proposta satânica para os ressentidos.

Minha avó passou por uma insuportável dor: ela perdeu um filho assassinado. Ela sempre foi uma cristã fervorosa, uma mulher de oração, alguém que amava cantar e louvar a Deus com canções.

Durante alguns anos, ferida pela morte do meu tio, ela deixou de cantar, a música calou em seus lábios, ela silenciou-se, pois dizia que não louvava por sentir uma forte dor afligindo sua alma. Ela orou incessantemente para que Deus a libertasse desse ressentimento e um dia ela me disse algo que nunca esqueci: "Raquel, Deus me tocou porque nesta noite eu consegui orar por aqueles que tiraram a vida do meu filho, para que Deus salvasse cada um deles".

Vovó voltou a cantar, porém mudou o repertório. Minha avó cantava apenas hinos clássicos, mas depois disso passou a cantar corinhos pentecostais. Verdadeiramente Deus colocou na boca da minha avó um cântico novo.

Porque quando uma pessoa é curada, não fica na névoa, na sombra; você não tem mais mágoa, rancor, não existe mais o sentimento de vingança, nem o questionamento: "Por que Deus deixou acontecer? Por que eu preciso passar por isso?". É possível viver esse nível de restauração e graça. Acredite: é possível!

Esta palavra vem direto do Trono para que você não caia numa cova: livre-se já dessa amargura, desse ressentimento!

Perdoe! O caminho do perdão é árduo, mas é maravilhoso. O caminho do ressentimento parece mais fácil, mas é de morte.

O escritor Maurício Zágari, em seu livro *Perdão total*, assim considera: "Não perdoar é deixar de fazer o bem a quem carece de perdão. Logo, é fazer mal. Como o amor é incapaz de prejudicar o próximo, a conclusão é que a falta de perdão é uma atitude abominável aos olhos de Deus. Tornar-se juiz de outras pessoas, esquecendo os próprios erros é tão ofensivo para o Todo-Poderoso como a fornicação, o assassinato, a vaidade ou a arrogância". Pense sobre isso.

Aitofel nunca confrontou Davi nem tratou o seu ressentimento; Davi não conhecia o nível de contaminação do coração de Aitofel. Há pessoas que estão contaminadas com amarguras no coração por situações não resolvidas contra nós e nunca iremos saber, porque não falam.

> **Quando escondo de quem me feriu a dor que senti, roubo dessa pessoa a oportunidade de se retratar.**

Quando escondo de quem me feriu a dor que senti, roubo dessa pessoa a oportunidade de se retratar, tiro dela as chances de recuperar a estima perdida e a amizade abalada. Certa vez, ouvi de uma irmã algo que me tocou profundamente.

Ela me disse: "Você deveria ter falado comigo, me chamado nem que fosse para brigar comigo". Naquele momento, entendi que pequei pelo silêncio, não a confrontei achando que seria um gesto de amor, mas na verdade foi fraqueza. Quem ama confronta e dá ao outro a chance de fazer a correção de rota. Pretendo não repetir esse erro com mais ninguém.

Davi pensa que Aitofel possa estar meio chateado com alguma coisa que aconteceu, mas não consegue dimensionar o tamanho da amargura, do ressentimento que possa haver em seu coração. Quando você perceber certa estranheza em alguém íntimo, bem chegado, não hesite, aproxime-se e busque saber o que há. Davi não fez isso. O adversário que age para promover separações, rupturas, enfim, agiu...

Então, surge a oportunidade. Absalão[1], terceiro filho de Davi, tramou para assassinar seu irmão Amnom[2], pois este havia desonrado sua própria irmã, a bela Tamar[3].

Davi, apesar de amá-lo muito, não pôde evitar que Absalão fosse exilado por algum tempo em Gesur, terra de sua mãe Maaca[4]. O tempo que Absalão passa em Gesur, na companhia do seu avô materno Talmai, um rei pagão, foi determinante para que fossem consolidadas sua rebelião e revolta.

Quando não estamos bem, devemos procurar alguém que esteja melhor do que nós. Doentes não curam doentes. Absalão deveria ter procurado o avô Jessé, homem crente, mas não fez isso; antes, foi para perto de Talmai, cujo nome indica "aquele que ara a terra, que abre sulcos na terra", ou seja, aquele que causa rachaduras, separações. Está ressentido com alguém? Fuja dos "Talmais" da vida, gente que, em vez de promover a união, separa, racha.

> **Quando não estamos bem, devemos procurar alguém que esteja melhor do que nós. Doentes não curam doentes.**

Quando retornou, o Absalão ressentido montou um plano para conspirar contra o rei, o seu próprio pai Davi. E aí surge outro ressentido e amargurado para aconselhar Absalão nesse intento: nada mais, nada menos do que o próprio Aitofel!

Pessoas amarguradas e ressentidas atraem alianças de fel, alianças de morte.

Algumas amizades nascem das inimizades em comum que as pessoas possuem. Que tristeza! Que pobreza! Como me tornar amigo de alguém porque temos desafetos em comum?

---

[1] ABSALÃO, em hebraico, significa "pai da paz".
[2] AMNON, "fiel" em hebraico.
[3] TAMAR, "palmeira" em hebraico.
[4] MAACA, "opressão" em hebraico.

Pessoas que se unem em torno de suas mágoas se unem para se fortalecerem contra a mesma pessoa, contra o mesmo grupo. Ficam ali, em torno do seu próprio lixo emocional, da amargura "nossa" de cada dia, usando os encontros para falarem sempre da mesma pessoa, do mesmo assunto, adoecendo-se mutuamente. Fuja dessa rota de dor.

"Então, disse Absalão a Aitofel: Dai o vosso conselho sobre o que devemos fazer. Disse Aitofel a Absalão: Coabita com as concubinas de teu pai, que deixou para cuidar da casa; e, em ouvindo todo o Israel que te fizeste odioso para com teu pai, animar-se--ão todos os que estão contigo. Armaram, pois, para Absalão uma tenda no eirado, e ali, à vista de todo o Israel, ele coabitou com as concubinas de seu pai." (2 Samuel 16.20-22 – ARA)

"Disse ainda Aitofel a Absalão: Deixa-me escolher doze mil homens, e me disporei, e perseguirei Davi esta noite. Assaltá-lo-ei, enquanto está cansado e frouxo de mãos; espantá-lo-ei; fugirá todo o povo que está com ele; então, matarei apenas o rei." (2 Samuel 17.1-2 – ARA)

As aparências enganam. Algumas pessoas podem estar perto, mas na verdade estão com o coração distante.

Absalão inicia uma revolta contra Davi, pois ele quer o lugar do pai, e Aitofel ainda está entre os conselheiros de Davi. Nisso o Espírito Santo nos ensina que *"nem todos que estão ao seu lado estão com você"*. Aitofel ainda era conselheiro de Davi, mas o coração dele não estava mais com Davi.

As aparências enganam. Algumas pessoas podem estar perto, mas na verdade estão com o coração distante. Enquanto outras parecem distantes, mas diante das provações, quando poderiam declinar e desistir, revelam que realmente estão conosco.

Tenho uma amiga querida, ministra em nossa igreja, que por muitas vezes eu a convidara para assentar-se ao meu lado, mas na maioria das vezes ela se recusava, demonstrando certa timidez. Confesso que algumas vezes a conduta dela me aborreceu, pois pensava que, de alguma maneira, aquela atitude me desmerecia. O tempo passou, e eu acabei aceitando, acatando aquela sua posição.

> **O ladrão mais sutil não é o que rouba carro, roupa, dinheiro; o mais sutil ladrão é o que rouba corações.**

Certo dia, estava sentada próxima ao púlpito, atravessando um temporal em minha vida, sentindo-me triste e enfrentando algumas duras decepções, quando repentinamente olho para o primeiro banco e minha amiga estava ali no seu lugar de sempre, no lugar que muitas vezes me pareceu ser de certa teimosia. Nesse dia, entendi uma poderosa lição: ela não se assentava *ao meu lado*, mas de fato ela estava *do meu lado*, e isso era o mais importante.

Lembrei-me de quantas tempestades atravessamos juntas e de quantas vezes sua presença amiga me acalentou. Naquele dia, louvei a Deus pela vida da minha amiga "teimosa" por sua lealdade, amizade e amor.

Nos dias mais difíceis da vida, podemos nos surpreender com a deslealdade de alguém, mas nos maravilharmos com a lealdade de muitos.

Absalão pensa consigo: "Vou tomar o lugar do meu pai, já fiquei muitos anos preparando esse plano, atendendo as pessoas que procuravam Davi, e aproveitei para roubar seus sentimentos e seus corações".

O ladrão mais sutil não é o que rouba carro, roupa, dinheiro; o mais sutil ladrão é o que rouba corações.

Sou líder desde 14 anos de idade e, hoje, estou com 45. Conheço muito bem isso; sei quem é um Absalão: isso é uma coisa terrível. Ele não quer dinheiro, não quer carro, não quer apenas um cargo; ele quer o coração das pessoas exclusivamente para ele, para manipular ao seu bel-prazer. Ele sabe fazer isso melhor do que ninguém: manipular.

Afaste-se de pessoas assim enquanto você estiver na jornada do perdão, enquanto procura sua própria restauração. Não reúna mazelas, não associe dores.

Pessoas curadas podem auxiliar na nossa cura. Pessoas contaminadas podem contaminar, e algumas fazem isso de forma intencional.

EU PERDOEI

"Sou casada há 25 anos, desde os 14 anos, pois me tornei mãe com essa idade. Desde então, o meu marido me assumiu, mas éramos ímpios, não conhecíamos Jesus. No período de sete anos vivendo com ele, tivemos dois filhos. Foi uma fase muito difícil, pois ele era pagodeiro. Eu até o acompanhava, mas brigávamos muito. Ele me traía muito, dormia fora de casa, bebia, não gostava de trabalhar. Meus pais nos sustentavam e, mesmo assim, meu esposo não falava com eles. Enfim, era muito difícil. Nessa época, conheci Jesus, comecei a frequentar a igreja e me batizei.

Comecei a trabalhar na obra de Deus, mas meu marido não queria saber de nada. Isso acabou fazendo com que meu coração se fechasse para ele. Não falávamos mais a mesma língua. Eu queria me separar, afinal, não éramos casados, de fato, só vivíamos juntos. No entanto, tínhamos dois filhos: uma com seis e outro com um aninho. Deus não permitiu que eu tomasse a decisão de separar, e ele quis ir embora de casa.

Passamos um ano separados. Nesse período, ele teve uma infecção pulmonar, ficou muito mal no hospital e precisou fazer drenagem para tirar água do pulmão. Fui visitá-lo. Meus pais, com quem ele não falava, também foram. Oramos por ele. Isso encheu o coração dele.

Resumindo: ele foi para a igreja, entregou a vida a Jesus. Um mês depois, ele se batizou. Dois meses depois do batismo, começou a fazer parte do louvor e começou a querer que nós reatássemos o casamento. Eu demorei um pouco para confiar. Não foi fácil, mas Deus quebrantou meu coração.

Perdoei e começamos do "zero" literalmente. Namoramos primeiro, sem intimidades, mesmo tendo dois filhos. Depois de seis meses esperando no Senhor, casamos no cartório e na igreja. Tudo direitinho!

Dois anos após tudo isso, ele recebeu o chamado para pastorear. Fomos começar a fazer a obra como pastores. Primeiro, como auxiliares durante um ano, depois assumimos a primeira igreja como titular. Na terceira, foi onde tudo aconteceu.

A igreja era recém-inaugurada, e ele fez um bom trabalho. A igreja cresceu, e isso mexeu com a cabeça dele. Eu era um pouco ausente, pois tinha tido o nosso terceiro filho nessa época. Então estava bem ocupada em casa e esqueci de vigiar.

Assim, uma pessoa começou a se aproximar dele, e eles começaram a ter um caso. Foram quatro meses de caso, mas eu não desconfiava. Quando fomos transferidos para outro Estado, comecei a desconfiar pelos telefonemas. Ele decidiu me contar o que estava acontecendo e confessou acerca dos quatro meses que teve caso fora do casamento.

Depois de tudo que passei com ele no passado, foi difícil perdoá-lo mais uma vez. Ainda mais sendo nós pastores, mas Deus falou comigo. E eu vi arrependimento nele. Fiquei um ano para me recuperar. A depressão me assolou, mas não me dominou.

Na época, liguei para a moça e disse muitas besteiras. Mas Deus me fez ligar de volta e pedir perdão para ela. E eu, de fato, também a perdoei.

Hoje, ao ministrarmos para outros casais, muitas vezes até contamos essa triste experiência para fazer com que os casais entendam sobre o verdadeiro arrependimento de quem trai, o verdadeiro perdão de quem é traído e a transformação que Deus faz no casamento quando isso acontece."

JULIANA CANDIDO
Pastora

NA JORNADA

Desapego: a hora de jogar fora

As ofensas agregam ao nosso coração entulhos que não nos pertencem. Entulhos que sobrecarregam a viagem da vida.

Faça a **Jornada do Perdão** sem peso na bagagem.

Escreva nas linhas sentimentos que a ofensa gerou em você, mas que agora você decide abandonar.

FALANDO COM DEUS

"Pai de Amor,

Eu já posso me sentir mais leve.

Pai, eu estive muito sobrecarregado(a). O tempo não me ajudou em nada, mas eu sei que o Senhor está aqui para me ajudar.

Pai, eu não tenho prazer nessas mágoas, eu não tenho prazer na amargura, eu me despeço delas.

Pai, eu me proponho a perdoar, ainda que eu não me sinta pronto(a) para isso. A decisão já está tomada.

Ajuda-me a sustentar essa decisão.

Eu não quero revirar a lixeira.

Eu quero seguir essa jornada com o teu jugo suave e o com o teu fardo leve.

Eu oro, meu Pai, em nome de Jesus, meu Amado Salvador.

Amém."

CAPÍTULO 3

Quando o pior acontece

"O perdão não torna a outra pessoa certa, torna você livre."

— STORMIE OMARTIAN

"Porque, se perdoardes aos homens as suas ofensas, também vosso Pai celestial vos perdoará a vós."

— MATEUS 6.14 — ACF

A Bíblia diz que o reinado de Davi entrou em declínio, que o rei se desestabilizou. Filho contra o pai, o reinado de Davi balançou e o povo já não sabia mais de que lado ficava: do lado de Davi ou do lado de Absalão. E é justamente nessa hora que Aitofel se revela.

Guarde esta frase: *"Nunca escolha o momento de declínio para deixar alguém"*. Nunca. Se aquela empresa em que você trabalhou por vinte anos agora está atrasando seu salário, seja nobre e espere mais um pouco; se seu funcionário está atravessando o pior momento da vida, pois está com o filho enfermo de câncer e está faltando ao trabalho para auxiliar sua esposa, meu irmão, segure mais um pouco, porque se demiti-lo no pior momento da vida dele, você vai provar que não tem caráter algum.

Quem abandona as pessoas no momento mais difícil da vida delas está revelando o caráter que tem. Nós nunca devemos abandonar alguém nos dias de suas dificuldades, nunca.

Você pode estar com a mala para sair, mas se sentir que o coração está quebrado, guarde a mala e diga: "Vou dar o tempo que for necessário. Vou esperar". É questão de dignidade, questão de honra.

Uma irmã procurou-me e disse: "Irmã, eu amo a ADVIP[1]". Eu fico feliz quando alguém diz que ama a igreja que eu apascento. "Irmã, meu coração está na ADVIP", ela continuou. E eu fiquei mais feliz ainda.

"Irmã, eu não quero mais continuar na igreja em que estou congregando, porque eu amo a ADVIP, eu sinto falta da

---

[1] Assembleia de Deus Vida na Palavra.

ADVIP e tenho saudade da ADVIP. Quando estou sentada lá na minha igreja, eu só penso no culto da ADVIP", ela prosseguiu, e eu fui ficando cada vez mais feliz. Afinal, quem não quer alguém apaixonado pela igreja?

Mas, de repente, ela olhou para mim e disse: "A igreja onde congrego está passando pelo pior momento que alguém poderia passar. Meu pastor está doente, o ministério está problemático".

Quando ela começou a contar os dilemas daquele homem, pensei uma, duas, três, quatro vezes; pensei no potencial daquela ovelha, o quanto ela poderia somar conosco, mas eu não poderia ser desleal ao que acredito. Olhei para ela e disse: "Filha, espere mais um pouco, pois não é hora de sair; nunca se abandona alguém no pior momento de sua vida".

Sua mãe está precisando de você agora? Seu filho está precisando de você agora? "Eu descobri que meu filho está usando drogas e eu quero que ele morra". Não! É agora que ele precisa de você. "Eu descobri que minha filha está no homossexualismo", alguém pode dizer. É agora que ela precisa de você. Mostre o seu valor agora! Dê o apoio de que eles precisam, pois esse é o nosso dever.

Você pode não concordar com a atitude dele, pode estar decepcionada com a descoberta que fez, mas é agora que o amor precisa ser revelado. Shakespeare escreveu: "O amor não é amor se se altera quando encontra alterações". E a Bíblia diz: *"O amor jamais acaba"* (1 Coríntios 13.8 – ARA).

No livro *Líderes e Lealdade*, de Dag Heward-Mills[2], ele diz que existem quatro tempos em que a deslealdade é o caminho para que surja a ofensa, e em um desses tempos pode haver a manifestação da hostilidade ou agressão, é quando há o aparente enfraquecimento de um líder.

---

[2] *Líderes e Lealdade: As Leis da Lealdade*. Editora ECG.

Substitua a palavra *"líder"* por *"uma pessoa"*: é nessa hora que o ser humano tende a ser desleal, na hora que a pessoa está passando por um luto, uma enfermidade ou um golpe.

Aitofel era respeitado por Davi e por Absalão, e o que ele deveria ter feito? Ele deveria ter aproveitado o poder de sua influência com ambos para apaziguar. Sempre que estiver ao seu alcance uma situação para pacificação, para reconciliação, faça isso, pois Deus ama os pacificadores; dos pacificadores é o Reino de Deus. Há uma bênção para os pacificadores: Deus os ama.

O ministério de Cristo é o ministério da reconciliação. Através de Cristo, somos reconciliados com Deus. Uma vez reconciliados com Deus, deveríamos ter prazer na reconciliação. Você já viveu essa alegria, a de promover a reconciliação entre duas pessoas? Aitofel poderia ter feito isso.

Ele poderia dizer: "Vou pacificar; os dois me ouvem, pois consideram a minha palavra como oráculos do Senhor"; mas não, ele deve ter pensado: "É chegada a minha hora, a hora da minha vingança", e passou para o lado de Absalão.

A Bíblia A Mensagem diz assim: *"Enquanto oferecia sacrifícios, Absalão conseguiu envolver Aitofel de Gilo, conselheiro de Davi, e tirá-lo de sua cidade; a conspiração tomou força e o número de seguidores de Absalão aumentou"*.

Sempre que estiver ao seu alcance uma situação para pacificação, para reconciliação, faça isso, pois Deus ama os pacificadores.

A pessoa que Satanás quer colocar no seu caminho para fazer acender o ressentimento que existe em seu coração não é alguém que vai chamar *você* para um culto aos demônios, não é alguém que vai bater na sua porta e lhe dizer: "Eu quero transformar você em um Judas número dois".

Não, a Bíblia diz: "[...] enquanto ele oferecia sacrifícios". Ele estava envolvido com o mundo espiritual, envolvido com o culto, envolvido com a adoração, mas havia ressentimento no coração de Aitofel e rebelião no coração de Absalão.

A pessoa está no culto, canta, ora, prega, mas está amargurada por dentro; ninguém vê, ninguém nota, porque a pessoa mantém sua vida devocional como se nada houvesse acontecido. Como no caso de Caim, que havia acabado de entregar uma oferta, ou como o caso de Judas, que estava participando da ceia da Páscoa.

O ambiente de culto não imuniza ninguém desse tipo de ataque maligno. Não basta estar no culto; tem de desejar a cura de suas emoções, a libertação das mágoas, a quebra das correntes do ódio e do ressentimento.

Aitofel e Absalão se encontraram quando nunca deveriam ter se encontrado; essa reunião não foi promovida pelo céu, haja vista o que causou. Quando ressentimento e rebelião se encontram, o resultado é tenebroso; a Bíblia diz que Aitofel passou para o lado de Absalão e boa parte do povo se juntou a eles.

> **Quando ressentimento e rebelião se encontram, o resultado é tenebroso.**

Ore para que Deus lhe dê felizes encontros. Ore para que Deus o esconda daqueles que potencializam o que existe de pior em você. Pessoas ativam pessoas. Pessoas compromissadas com Deus e cheias da sua presença podem trazer algo especial para a nossa vida.

A Bíblia está repleta de encontros felizes e infelizes, tal como a vida.

- O encontro entre Samuel e Saul elevou Saul do lugar de um filho inquieto pelas jumentas do pai, que haviam se perdido, ao lugar de primeiro rei de Israel.

- O encontro entre Diná, filha de Jacó, e Siquém foi marcado por um abuso que gerou tantas mortes.
- O encontro entre a filha de Faraó e Moisés trouxe livramento para o menino.
- O encontro entre Josafá e Acabe quase levou Josafá para a morte.

Sim, é preciso considerar que havia em Judas a inclinação para o mal, porém a disposição dos principais sacerdotes para pagar pela traição foi decisiva. Mas também devemos considerar que embora Eliseu fosse um escolhido de Deus, a disposição de Elias para treiná-lo fez dele um grande profeta. O Diabo manipula terrivelmente pessoas para o mal. Deus, podendo fazer todo o trabalho sozinho, decidiu usar gloriosamente pessoas para o bem uns dos outros e o louvor da sua glória.

Que tipo de encontro nós temos promovido? As pessoas que passaram pela nossa vida nos últimos meses ou anos viveram um feliz encontro ou não? É importante pensar sobre isso e agir de forma intencional.

Quando estamos ofendidos com alguém, algumas vezes desenvolvemos o triste hábito de falar mal do ofensor, em uma busca adoecedora por aliados. De alguma forma, queremos convencer outras pessoas de que ele que nos fez mal poderá fazer a outra pessoa também. Não me refiro ao alerta responsável, que devemos fazer, por exemplo, no caso de um abusador. Não posso permitir que mais alguém sofra o dano pelo meu silêncio. Refiro a questões em que falar de alguém apenas promove contaminação e não muda positivamente em nada a nossa vida ou a vida de alguém.

Não, eu não vou ocupar meus dias difamando quem me feriu. Não, não vou contaminar o coração de um inocente com um sentimento que eu mesmo estou lutando para abandonar.

Proponha-se a ser alguém que afeta positivamente a vida de quem o encontra. Conquiste pela sua vivacidade e singularidade, e não por vitimismo. Fale sobre você, sobre Deus, fale sobre a Bíblia. Ofensa não é discurso.

Ao perceber que de alguma maneira alguém foi contaminado pela sua raiz de amargura, ore e confesse esse pecado a Deus. Busque tocar o coração dessa pessoa com o bálsamo que você tem recebido. Porque bálsamo merece ser compartilhado.

Amizades que nascem de inimizades não chegam muito longe, porque esse tipo de relacionamento nem pode ser classificado como amizade. Trata-se apenas de "colegagem" tóxica. Não confunda aliança com laço. Escape desses relacionamentos. Deus tem as pessoas certas para esse tempo. Fale com ele sobre isso; ele as trará. Ele sabe proporcionar felizes encontros.

EU PERDOEI

"Eu sou a filha mais velha do meu pai, que sempre foi um homem trabalhador, honesto e de caráter. Meu pai sempre foi para mim o meu maior exemplo de conduta, e eu sempre fui muito apegada a ele. Ele era um homem de poucas palavras, mas nos dávamos muito bem. Até os meus 18 anos, meu pai me chamava de bebê...

Nós tínhamos problemas, como em toda família, mas eu sempre vi nos meus pais um lugar de segurança. Até que eles começaram a ter problemas no casamento. Não como das outras vezes. Daquela vez a coisa era mais séria.

Nesse período, a minha mãe descobriu um sério problema de saúde. A essa altura, meu pai já vinha mudando de comportamento gradativa e severamente. As brigas intensas e os conflitos intermináveis tornavam a nossa convivência muito ruim.

Parecia um terror, fora que havia um elemento extra nessa história que contribuía para que as coisas piorassem. Todos esses acontecimentos só pioravam o estado de saúde da minha mãe. Porém, ainda assim, mesmo achando tudo muito cruel, eu permanecia intermediando entre os meus pais com respeito e cuidado. Orando, buscando, fazendo o que podia.

Até que, infelizmente, a minha mãe faleceu nesse cenário de guerra. E, apesar de ter consciência de que Deus sabe de todas as coisas, tudo me parecia muito injusto. Algumas vezes eu perguntei ao Senhor por que em vez de ter levado a minha mãe ele não tinha levado meu pai. Eu estava triste, indignada, ressentida. As coisas pareciam não fazer sentido, mas eu amava meu pai.

Só que, para piorar toda a situação, poucos meses após a partida da minha mãe, descobri que meu pai estava indo embora morar em outro Estado e pretendia fazer isso ocultamente, sem despedidas, sem satisfações. Nós só saberíamos depois que ele já estivesse longe.

Por graça ou não, uma pessoa me disse o que estava acontecendo e deu tempo de eu ir atrás dele, antes de ele ir embora de vez. E eu me vi como uma criança desesperada. Pedi a ele insistentemente que não fosse. Chorei como uma menina de cinco anos, implorando para que ele esperasse pelo menos mais um pouco. Afinal, era tudo tão recente. Meus irmãos e eu precisávamos dele.

Mas ele disse que não podia, que nós éramos adultos, já tínhamos nossa família e que, naquele momento, havia alguém que precisava mais dele. E, de fato, dependendo da perspectiva de quem vê, ele possivelmente estava certo.

Ele foi embora... E naquele dia a sensação que eu tive foi de me tornar órfã pela segunda vez, só que com uma diferença: minha mãe não teve escolha. Ela precisou ir. Deus a chamou. Mas meu pai, não. Ele se foi por escolha, ele decidiu ir.

Na minha mente, naquele momento, ele tinha feito uma escolha que era a nossa rejeição. Era como se ele tivesse nos rejeitado no nosso pior momento.

Isso revoltou meu coração, acabou com a minha alma. Todas as noites eu chorava pelo luto da minha mãe e pelo "luto" do meu pai. A essa altura, eu já tinha escutado de alguém que eu nunca tinha dado nenhum motivo de orgulho para ele e que nessa nova família ele teria muito orgulho.

Eu não tinha forças nem para rebater, a mágoa me roubou até as palavras. Eu só pensava na dor da minha mãe, dos meus irmãos e em tudo que nós passamos. Esses pensamentos iam nutrindo em mim, dia após dia, uma dor que parecia ser irreparável.

E eu ia me privando de uma vida de harmonia com meu pai e ficando cada dia mais resistente.

Eu não conseguia mais me lembrar de nada de bom que meu pai já tinha feito por mim e por toda a nossa família. Eu já não levava mais em consideração as suas qualidades. Eu só via o lado ruim das coisas. Eu descredibilizei toda uma história porque, movida pela dor, só conseguia alimentar indignação, raiva e abandono.

Eu falava com ele extremamente o necessário, não o tinha perdoado. Mas, na medida do possível, mantinha contato. Era como se me aproximar dele, e de sua nova família, fosse uma ofensa contra a minha mãe, e eu não podia fazer isso. Eu não queria dar espaço, queria manter os muros. Mantendo contato, mas com limites!

Todas as vezes que eu ia pregar, lembrava-me do meu pai. Era como se Deus me mostrasse que eu tinha que consertar as coisas. Minha consciência me acusava, o Espírito Santo me alertava e eu sentia muita falta dele, mas não queria perdoar, e eu tinha motivos para não fazer. Eu pensava que não perdoar o meu pai era puni-lo por seus erros, mas na verdade eu estava punindo a mim mesma. Eu pensava assim, mas Deus nunca pensou como eu. Deus deseja que transformemos as nossas ofensas em oportunidades para nos parecermos mais com Cristo.

Até que então eu li um livro e ele me desmascarou. Sim, a minha arrogância foi exposta nas linhas das páginas de um livro. 'Eu guardo essa mágoa... e prego. Você está caminhando para um abismo', escreveu a pastora Helena Raquel no seu livro *Eu não Sou Aitofel*.

Foi como se a cada página uma corrente fosse sendo quebrada até que eu já estivesse livre. Sim, eu estava livre! O peso saiu! As acusações terminaram! Glória a Deus!

Mas eu precisava fazer alguma coisa.

Às vezes, penso que meu pai nem sabia o quanto aquilo tudo tinha me causado tanta dor. Na sua concepção, ele fez o que era certo, o que devia ser feito. Ele já estava vivendo a vida, construindo uma nova história, e eu, com uma vida cheia de possibilidades, estava presa a um sentimento que não fazia mal a mais ninguém a não ser a mim mesma, adoecendo-me.

Um dia, ouvi alguém dizer que a mágoa é uma 'má água', uma água ruim que fica parada dentro do nosso coração deixando a nossa alma amarga, azeda, sem vida. A amargura que a mágoa causa afasta o que é bom e atrai o que é ruim.

E a única maneira de se ver livre dessa água ruim é decidindo tirá-la de dentro do nosso coração. Pegando os baldes da convicção motivados pela certeza da Palavra de Deus, esvaziando-se do que não é bom.

Em um dos meus aniversários, meu pai me ligou e, após me dar os parabéns, eu pedi a ele perdão. Nós nos emocionamos, e ele disse que eu era motivo de muito orgulho. Eu me lembro disso e choro.

Decidi tirar a má água e foi como se instantaneamente ela saísse, e eu senti paz. Liberei meu pai? Não, meu pai já estava livre; eu liberei a mim. Liberei-me do rancor, do ressentimento, da angústia, do medo, da insatisfação, da orfandade paterna antecipada e de todos os sentimentos ruins que me impediam diariamente de ter uma vida plena em Deus.

Hoje eu desejo que meu pai viva por muitos anos, que ele seja muito feliz com a família que construiu, que ele conclua o sonho de toda uma vida, que é terminar a faculdade (ele merece isso), e eu amo a minha irmãzinha.

Minha mãe está na eternidade, e eu continuo sendo treinada por Deus, perdoando e sendo perdoada, com a convicção de que com Deus a gente consegue, que do jeito de Deus é sempre melhor!"

FERNANDA SEPÚLVEDA
Pregadora

NA JORNADA

Pessoas são indispensáveis na Jornada do Perdão. Aprenda a receber as pessoas certas em sua vida e reposicionar de forma saudável aquelas que já estão.

Faça uma oração silenciosa agora pedindo que Deus conduza você neste exercício.

Construa duas listas:

1. Eles me fazem bem! Cite o nome de cinco pessoas que você decide ter mais perto nessa estação da sua vida. Invista no relacionamento sadio com essas pessoas.

_____
_____
_____
_____

2. Preciso melhorar! Mencione até cinco assuntos que você deve evitar em suas conversas para preservar o seu coração e o coração dos outros.

_____
_____
_____
_____

FALANDO COM DEUS

"Pai de Amor,

Tu sabes escolher pessoas melhor do que eu. Eu já me enganei tantas vezes que não ousarei mais fazer escolhas sozinho(a).

Pai, tu tens liberdade em minha vida, em meu coração, em minha casa.

Pai, apresenta-me aqueles que o Senhor desejar, ajuda-me a identificá-los enquanto caminho nessa Jornada.

O que vou te pedir agora não é fácil para mim, mas preciso pedir: Pai, reposiciona as pessoas na minha vida. Sim, coloca-as no lugar ideal, até afastando pelo tempo necessário, de forma cuidadosa, aquelas que podem intervir de forma negativa nesse tempo.

Pai, sei que eu também algumas vezes não fui a pessoa ideal. Minhas palavras causaram danos. Eu me arrependo, confesso isso e deixo esse caminho.

Pai, quero ser uma bênção para a vida daqueles que se aproximarem de mim. Por isso, reposiciona-me também na vida das pessoas. Que eu esteja onde o Senhor quer que eu esteja. Oro assim em nome de Jesus Cristo, meu terno Salvador."

CAPÍTULO 4

Uma brisa em meio à dor

"A prisão mais miserável do mundo é a prisão que fazemos para nós mesmos quando nos recusamos a mostrar misericórdia."

— WARREN W. WIERSBE

"Suportando-vos uns aos outros, e perdoando-vos uns aos outros, se alguém tiver queixa contra outro; assim como Cristo vos perdoou, assim fazei vós também."

— COLOSSENSES 3.13 — ACF

Em 2 Samuel 15.13, vemos que "*todo o povo de Israel segue decididamente a Absalão*". Quando Aitofel passa para o lado de Absalão, toda a nação passa a caminhar com eles, porque Satanás quer alguém do seu naipe. Satanás quer alguém do seu tipo, alguém com o seu poder de influência, com sua aparência, alguém conhecido e respeitado.

Satanás sabe que, se conseguir convencer um de nós para o lado dele, facilmente convencerá outras pessoas também, porque elas vão pensar: "Se ela que é uma bênção fez, se ele que é tão discreto fez, se ela que é uma mulher de oração fez, se aquele que é bom de Bíblia fez, se ela que tinha um casamento sólido de vinte e cinco anos fez, se ela que era crente desde pequenininha fez". Ele quer convencer pessoas do seu naipe, quer convencer gente do seu nível para alguém olhar e justificar: "Se ele cedeu...".

Nas rebeliões que presenciei ao longo da vida, sempre percebi este detalhe: os promotores são proeminentes, têm o respeito das pessoas e normalmente caminham muito próximo de quem escolheram golpear.

Sabe como Davi estava nesse momento? Chorando, com a cabeça coberta, com os pés descalços e fugindo do próprio filho. Na hora em que ele está no pó, no poço, no fundo no túnel escuro e sem saída, alguém vem e encontra Davi com os pés descalços, com a mão na cabeça, chorando copiosamente, e lhe diz: "Eu tenho uma notícia para lhe dar: Aitofel, seu amigo, seu conselheiro e parente, se uniu com aqueles que querem destruí-lo"! Certamente há pessoas hoje em situações de calamidade que estão recebendo notícias de pesadelos desse tipo.

Em Salmos 55.12-14 (ARA), vemos o cântico da alma de Davi sobre Aitofel:

"Com efeito, não é inimigo que me afronta; se o fosse, eu o suportaria; nem é o que me odeia que se exalta contra mim, pois dele eu me esconderia; mas és tu, homem meu igual, meu companheiro e meu íntimo amigo. Juntos andávamos, juntos nos entretínhamos e íamos com a multidão à Casa de Deus."

Aconselhávamo-nos e andávamos juntos até nos cultos ao Senhor. Em Salmos 41.9, Davi também está falando de Aitofel: "Até o meu amigo íntimo, em quem eu confiava, que comia do meu pão, levantou contra mim o calcanhar" (ARA).

Declare esta palavra: "Deus me livre de ser um Aitofel; eu não sou Aitofel". Se alguém o trair, você não passará pela vergonha de ser desleal. Não é porque o traíram que você também vai trair. Não é porque bateram em você que você vai revidar. Não é porque o abandonaram que você vai abandonar. Não é porque desceram que você vai descer; seu marido pode ter descido, mas você não vai descer. Sua irmã pode tê-la traído, mas você não vai trair. Não é porque as pessoas descem de nível de honra e fidelidade que eu vou descer. Eu não sou Aitofel! Podemos ser diferentes, fazer de forma diversa, pois sempre há um melhor caminho. Não quero ser conhecida na história como alguém que traiu, que foi desleal.

Davi disse: *"Ele levantou o calcanhar contra mim"*. Qual o significado disso? Poderíamos pensar em algo espiritual, algo fora do comum. Mas o sentido aqui é: "Ele me deu um chute". Quem já levou um chute conhece a dor que isso pode causar. Não levante o calcanhar contra ninguém, não levante o seu calcanhar contra o seu pastor, sua mãe, contra o seu marido, contra o seu filho, não levante o calcanhar contra o irmão que caiu do seu lado, não levante o seu calcanhar nem contra aquele que você não conhece, nem contra aquele de quem você vê muitas pessoas falando mal na *internet*.

Não somos o povo do calcanhar levantado; nós somos o povo dos joelhos dobrados e das mãos erguidas. É difícil entendermos por que na mesma perna há um joelho que dobra, mas que também pode chutar. Se você dobra os joelhos para orar, não use sua perna para chutar ninguém, pois é incoerência demasiada.

Em 2 Samuel 15.31 lemos: *"Então, fizeram saber a Davi, dizendo: Aitofel está entre os que conspiram com Absalão. Pelo que disse Davi: Ó Senhor, peço-te que transtornes em loucura o conselho de Aitofel"* (ARA).

Não somos o povo do calcanhar levantado; nós somos o povo dos joelhos dobrados e das mãos erguidas.

Respeite os seus opositores porque você os conhece bem. Davi disse: "Eu sei quem é ele, é inteligente demais, ele vai dar um conselho que poderá ser o meu fim. Deus transforma o conselho dele, fazendo dar errado". Davi está pedindo ajuda ao Divino. Mas terá uma experiência surpreendente.

Algumas vezes, ao pedir ajuda ao Divino, ele apontará para pessoas humanas. Deus não trabalha apenas com elementos espirituais; Deus trabalha principalmente com pessoas.

Considere o que a Bíblia diz sobre a importância de termos pessoas ao nosso lado: *"É melhor ter companhia do que estar sozinho, porque maior é a recompensa do trabalho de duas pessoas. Se um cair, o amigo pode ajudá-lo a levantar-se. Mas pobre do homem que cai e não tem quem o ajude a levantar-se!"* (Eclesiastes 4.9,10).

Quando Davi diz: "Deus, torne em loucura o conselho de Aitofel", Deus revela o humano. Sabe quem vem ao seu socorro, orientado por ele? Husai. Existe algo de positivo quando sofremos a deslealdade de alguém: temos a oportunidade de conhecer valores de outras pessoas. Há sempre HUSAI, em hebraico "apressado", que não conhecíamos o valor até o momento de a angústia chegar.

A Bíblia diz: *"Em todo o tempo ama o amigo; e na angústia nasce o irmão"* (Provérbios 17.17 – ARC). Deus tem para você um "Husai", um apressado, alguém para correr ao nosso encontro e nos socorrer na hora da calamidade. Deus tem um "Husai" especialmente para você. Alguém que chegará à sua vida como resposta às suas orações.

Deus prepara amigos, Deus aproxima pessoas. Lembre-se do que Deus proporcionou a Noemi: *"Rute, porém, respondeu: 'Não insistas comigo que te deixe e que não mais te acompanhe. Aonde fores irei, onde ficares ficarei! O teu povo será o meu povo e o teu Deus será o meu Deus! Onde morreres morrerei, e ali serei sepultada. Que o Senhor me castigue com todo o rigor se outra coisa que não a morte me separar de ti!'"* (Rute 1.16,17). Deus pode fazer conosco!

Essa sua dor vai ser transformada em crescimento, porque Deus vai colocar gente boa ao seu lado. Existem pessoas que nem o conhecem, mas vão abraçá-lo e dizer: "Eu oro por você, eu o amo, eu estou intercedendo pela sua vida".

No dia em que você está fragilizado e dolorido, gostaria de ouvir de alguém que estivesse ao seu lado: "Você é uma bênção, você é inteligente, você tem habilidades", mas quem está do seu lado só consegue "chutar" você e o seu problema para longe dele. Foi isso que Aitofel fez com Davi. Mas sabe o que Deus faz? Ele traz alguém que você nem imagina! Ele o surpreende em amor.

Sei que é realidade para algumas mulheres, mas alguém em amor como Rute vai dizer: "Você é tão linda, você é tão inteligente, você faz tudo tão bem". Deus usa uma amiga de verdade, uma criança para correr e abraçar as suas pernas e dizer: "Você está linda, tia, eu te amo tia". É o Eterno dizendo: "Esqueça por um momento os desleais; eu tenho gente boa para colocar ao seu lado". Gente que não quer apenas ser honrada, mas tem alegria em honrar. Exatamente como a Palavra de Deus propõe: "*Dediquem-se uns aos outros com amor fraternal. Prefiram dar honra aos outros mais do que a vocês*" (Romanos 12.10).

Existem frutos na dor. Um deles é a ampliação da nossa visão sobre novas pessoas. Enquanto a deslealdade não se manifesta, algumas vezes conseguimos valorizar somente uma pessoa, "aquela pessoa". Colocamos alguém, sem perceber, no trono do nosso coração, lançando todas as nossas boas expectativas. Mas quando a deslealdade se manifesta, ampliamos a visão e descobrimos outros valores, tesouros que estavam tão perto e nós não observávamos.

Husai está disposto a ajudar Davi, a se infiltrar entre os rebeldes para emitir uma direção que favoreça Davi. Agora é a vez de Husai. Deus tem alguém! Deus sempre tem alguém. A gente é que não via, não sabia... passando a vida chorando por Aitofel.

Agora Deus vai agir em favor de Davi. Aitofel segue em profundo declínio. Aquele que antes aconselhava o ungido do Senhor, agora está aconselhando o rebelde Absalão. Percebemos que alguém está, de fato, caindo quando suas companhias frequentes são aquelas que já perderam o temor do Senhor. A Bíblia nos adverte seriamente: "*Não se deixem enganar: 'as más companhias corrompem os bons costumes'*" (1 Coríntios 15.33).

Aitofel está ali, aliado aos inimigos de Davi. Chegou o momento de Aitofel declarar o seu conselho. Quando Aitofel diz que "*fugirá todo o povo que está com ele; e então matarei apenas o rei*" (2 Samuel 17.2b), mede as pessoas por ele mesmo, pensando que todos são desleais como ele. Nada disso! Ainda existem pessoas dignas entre o povo, pessoas que não negociam o que tem preço de peso eterno.

"Farei voltar a ti todo o povo; pois a volta de todos depende daquele a quem procuras matar; assim, todo o povo estará em paz. O parecer agradou a Absalão, e a todos os anciãos de Israel" (2 Samuel 17.3,4 – ARA).

Repentinamente, o Eterno começou a agir, e o que os nossos opositores não sabem é que não há reunião secreta de que Deus não possa participar. Nosso Deus vê, ouve e fala.

Não se preocupe com o que dizem sobre você, pois não há uma conversa privada que o seu Deus não possa ouvir. Descanse nessa verdade.

Absalão diz: "Hum... Mas eu quero ouvir mais um conselho; Husai, dê-nos o seu conselho". Nessa hora, Davi estava orando, e o Senhor deu estratégia de guerra a Husai para que este fingisse que estava ao lado de Absalão e que seu conselho transtornasse o conselho de Aitofel. Husai olha para Absalão e diz: "O meu conselho é outro, o meu conselho é que não devemos tocar em Davi hoje; vamos esperar, pois ele é um homem muito poderoso, é um homem de guerra. Esperemos até amanhã para atacá-lo".

Deus está dando um livramento a Davi. Deus também vai usar alguém a seu favor nas horas mais difíceis! Absalão e todos os homens de Israel aprovaram o conselho de Husai e consideraram ser este melhor do que o conselho de Aitofel; na verdade, era Deus agindo.

A Bíblia diz: *"Ele apanha os sábios na sua própria astúcia; e o conselho dos que tramam se precipita"* (Jó 5.13 – ARA).

> **Não se preocupe com o que dizem sobre você, pois não há uma conversa privada que o seu Deus não possa ouvir. Descanse nessa verdade.**

Deus está dizendo: "Não vai tocá-lo, não vai destruí-lo, porque eu não vou deixar". Aleluia!

Ao Deus que nos livra do laço do passarinheiro e da peste perniciosa seja toda a glória!

Ao Deus que traz as pessoas certas, em tempo oportuno, seja o louvor.

Davi não terá mais a amizade e a lealdade de Aitofel, não terá nunca mais. Enfrentar essa realidade não é uma tarefa fácil, mas necessária.

"Qual realidade?", você pode se perguntar. A realidade de que existem pessoas que não retomarão a convivência conosco, que se levantaram da roda de nossa mesa para nunca mais voltar, simplesmente porque elas não querem isso. Sim, elas não querem.

O que podemos fazer diante disso? Diante da decisão do outro, que segue alheia aos nossos sentimentos, vontades e até saudades? A resposta é: "Não seja preciosista". Nosso preciosismo nos causa dores desnecessárias em longo prazo. Sim, nosso exagero de sentimentos em relação a uma única pessoa, em uma única direção.

Tire esse relacionamento, esse sentimento, do trono da sua vida. Destitua essa dor do controle das suas emoções.

Quando agimos com preciosismo diante da recusa de alguém, desperdiçamos energia emocional desnecessariamente e perdemos a oportunidade de construir novos relacionamentos saudáveis, acolhermos a brisa de Deus no meio da dor.

Respire! Libere! Liberte-se!

Enquanto escrevo, estou orando por você que será meu leitor. Oro especialmente a própria Palavra de Deus agora:

"Oro para que, com as suas gloriosas riquezas, ele os fortaleça no íntimo do seu ser com poder, por meio do seu Espírito, para que Cristo habite no coração de vocês mediante a

fé; e oro para que, estando arraigados e alicerçados em amor, vocês possam, juntamente com todos os santos, compreender a largura, o comprimento, a altura e a profundidade, e conhecer o amor de Cristo que excede todo conhecimento, para que vocês sejam cheios de toda a plenitude de Deus."
(Efésios 3.16-19)

Há uma brisa em meio à dor. Permita-se recebê-la. Deixe-a tocar levemente seu rosto. Deus sara, Deus ama, Deus cura! Deus promove novas histórias. Você vai ver!

EU PERDOEI

"Pedi perdão algumas vezes. Pedi perdão em um arroubo, de forma precipitada, só para resolver as coisas com Deus. Como se Deus se deixasse enganar.

Tentei convencer alguém dos seus erros, mostrando o que fiz, não fiz e o que a pessoa fez e deixou de fazer.

Pedi perdão quando, na verdade, eu queria ouvir um pedido de perdão. Um pedido de perdão só para comover, para também fazer doer. Eu não queria sofrer só.

Não falo de forma genérica; eu vivi isso. Isso é parte da minha história com o tema perdão.

Nada disso deu certo, até porque quando as coisas estão erradas, não podem dar certo. Graças a Deus! É a pausa necessária para a gente se reencontrar e fazer o certo, mas do jeito certo.

Eu amava essa pessoa. A separação doeu muito. E quando Deus me ensinou de fato sobre o perdão, eu refiz a rota com dignidade. Orei por mim, orei por ela, orei por nós.

Na oportunidade de um reencontro, não remexi nos assuntos passados. Tomei cuidado, não queria colocar tudo a perder.

Em uma boa ocasião, falei de perdão de fato. Agora sim, não era superficial, era real. Admiti meus erros com franqueza, falei da saudade desse relacionamento valioso, entre nós duas, falei com amor.

Do outro lado, encontrei alguém que admirou o meu gesto, acenou com carinho, mas não queria mais. Não disse com palavras, mas disse na estrada, você me entende? No dia a dia ficou claro para mim. Não queria ou nunca quis, talvez essa resposta eu nunca terei.

Chorei. Sofri. Orei. E então entendi.

Entendi que a reconciliação é a prática do perdão, mas que não depende apenas de mim. Eu perdoei e deixei ir."

HELENA RAQUEL
Pastora, pregadora, escritora e professora

NA JORNADA

1. Faça uma aliança para a saúde da sua alma e tome 3 importantes decisões:

   a) Não vou falar mal de quem me ofendeu.

   b) Não vou repetir o relato do que me aconteceu até que eu esteja totalmente livre da dor da ofensa.

   c) Não vou revisitar fotos ou publicações que me trazem dor.

   Se você se compromete a fazer isso com a ajuda de Deus, assine seu nome aqui.

   Aquele(a) que decidiu ser livre em Deus

2. Leia em voz audível o salmo abaixo. Assim como Deus deu livramento a Davi, ele ainda livra os seus queridos.

   "Por que estás ao longe, Senhor? Por que te escondes nos tempos de angústia?

   Os ímpios na sua arrogância perseguem furiosamente o pobre; sejam apanhados nas ciladas que maquinaram.

   Porque o ímpio gloria-se do desejo da sua alma; bendiz ao avarento, e renuncia ao Senhor.

   Pela altivez do seu rosto o ímpio não busca a Deus; todas as suas cogitações são que não há Deus.

   Os seus caminhos atormentam sempre; os teus juízos estão longe da vista dele, em grande altura, e despreza aos seus inimigos.

Diz em seu coração: Não serei abalado, porque nunca me verei na adversidade.

A sua boca está cheia de imprecações, de enganos e de astúcia; debaixo da sua língua há malícia e maldade.

Põe-se de emboscada nas aldeias; nos lugares ocultos mata o inocente; os seus olhos estão de espreita ao desamparado."
(Salmos 10.1-8 – ACF)

FALANDO COM DEUS

"Pai, meu Pai de Amor,

Perdoa-me por supervalorizar o que estimo e não olhar cuidadosamente para o que fazes.
O que tens me dado é bem maior do que já perdi.
Pai, hoje eu não quero restituição. Hoje eu quero graça para a aceitação. Eu aceito a tua vontade. Eu acolho a tua decisão.
Pai, em oração quero declarar a minha libertação de toda dependência exagerada e prisão em qualquer pessoa. Deus, ninguém ocupa o trono do Senhor na minha vida. Deus, eu dependo de ti e do teu amor.
Oh, meu Pai, eu agradeço porque sou amado(a). Tu me amas e isso é maravilhosamente suficiente.
Eu oro com o coração agradecido.
Eu recebo a tua paz agora.
Em nome de Jesus, aquele que me amou.
Amém."

CAPÍTULO 5

Escape da morte

"O perdão é a única maneira de quebrar o ciclo de culpa."

— PHILIP YANCEY

"E, quando estiverdes orando, perdoai, se tendes alguma coisa contra alguém, para que vosso Pai, que está nos céus, vos perdoe as vossas ofensas."

— MARCOS 11.25 — ACF

Traga à luz de Cristo esse seu ressentimento enquanto é tempo; não o deixe dominá-lo. Cristo quer e pode lhe trazer alívio, descanso e paz. A Bíblia diz: *"Vinde a mim, todos os que estais cansados e oprimidos, e eu vos aliviarei. Tomai sobre vós o meu jugo, e aprendei de mim, que sou manso e humilde de coração; e encontrareis descanso para as vossas almas. Porque o meu jugo é suave e o meu fardo é leve"* (Mateus 11.28-30 – ACF).

Troque o seu fardo pelo fardo de Jesus. O tempo é este, o tempo é agora, não há o que esperar, não se pode mais aguardar.

O perdão que temos adiado, sufocado, impedido de vir à luz, pode ser a nossa última chance. A Bíblia diz: *"Irai-vos, e não pequeis; não se ponha o sol sobre a vossa ira. Não deis lugar ao diabo"* (Efésios 4.26,27 – ACF).

Quando me casei, meu esposo e eu fizemos uma aliança, um acordo, de que, não importa o que acontecesse, nós nunca dormiríamos brigados; teríamos de resolver a situação antes de dormirmos.

Confesso que não foi fácil manter essa decisão. Temos 23 anos de casados, e nos primeiros cinco anos tivemos algumas divergências. Nosso período de adaptação foi um tanto turbulento, mas aborrecidos ou não, decidíamos diariamente pelo perdão. Que gloriosa decisão tomamos! Superamos, vencemos e prosseguimos.

Com a chegada da fase adulta do casamento, os desentendimentos se tornaram raros, mas certamente não desapareceram. Mantemos a nossa decisão algumas vezes subjugando nosso ego ao controle do doce Espírito Santo.

Perdão não pode nem deve ser adiado.

Certa tarde, eu estava em um culto, ouvindo atentamente o pregador que ministrava sobre o perdão. Enquanto ele pregava,

Deus me trouxe à memória um nome, um ressentimento bem escondido dentro de meu peito. Eu soube imediatamente que deveria perdoar aquela pessoa e, mais do que isso, eu também deveria pedir perdão a ela.

Não seria fácil, a situação era extremamente delicada, mas naquela hora, naquela tarde, Deus enchia o meu coração de determinação e coragem. Levantei-me imediatamente, não esperei concluir a pregação, pois não podia esperar. Meu coração batia rapidamente, minhas mãos suavam e me dirigi aos fundos da igreja, de onde liguei para o telefone da pessoa ofendida e ofensora.

A recepção ao meu telefonema não foi romântica, porque perdão não é romântico; foi tudo muito difícil, mas àquela altura a reação da pessoa não era o mais importante, o mais importante era eu ter paz com Deus e comigo.

Fiz o que precisava ser feito e não me arrependi disso. Dias depois nos encontramos, nos abraçamos e o perdão foi consolidado. Seja Deus louvado por isso. Se eu esperasse o culto terminar, chegar a casa, poderia ter postergado o perdão, pois os sentimentos que a mensagem despertou iriam esfriar e, possivelmente, eu não faria o que fiz.

O dia de perdoar é hoje, porque hoje ainda há tempo. Existe um texto bíblico que confronta duramente nossa postura: *"Concilia-te depressa com o teu adversário, enquanto estás no caminho com ele [...]"* (Mateus 5.25 – ACF). O perdão não pode esperar. Se você estiver sendo tocado neste momento, interrompa a leitura deste livro agora e faça o que precisa fazer: perdoe!

Aitofel não fez isso. Certamente, desperdiçou algumas oportunidades ao longo da vida. E agora o pior está bem perto de acontecer.

Como foi dito no capítulo anterior, Deus interveio em favor de Davi e transtornou o conselho de Aitofel. Absalão preferiu ouvir Husai. Ele desconhecia que Husai era alguém infiltrado entre eles, mas que se mantinha leal a Davi.

Aitofel é temperamental: "Não ouviram o meu conselho, eu não vou ficar aqui". A síndrome de Aitofel está presente em muitas igrejas onde as pessoas querem que as coisas sejam feitas

Se você estiver sendo tocado neste momento, interrompa a leitura deste livro agora e faça o que precisa fazer: perdoe!

de acordo com a vontade delas. Quando não se faz o que o indivíduo quer, ele sobe no "jumento" e vai embora, porque tem de ser "do meu jeito".

Se for confrontado sai, se for chamado a atenção sai, se não for dado o cargo que ele pensa que merece sai, se Deus exaltar alguém, segundo ele, à sua frente, ele também se aborrece e sai. A pessoa desconhece quantos anos fazia que essa pessoa estava orando para viver o que viveu. Porque nossa história não começa no momento em que as pessoas nos conhecem; nossa história começa quando nascemos, e só Deus conhece tudo sobre nós.

Não são apenas nas igrejas que sentimentos assim surgem, mas também entre amigos, familiares e cônjuges. Todas as vezes que a pessoa se vê contrariada, ela deseja se retirar. Nesse momento, o mal já estará espreitando, buscando a oportunidade para prender e destruir a alma de uma vez.

O coração de Aitofel está pesado, está ressentido. Há pessoas que não são traidoras, não são desleais, mas o ressentimento está pesando muito: "Não consigo perdoar, não consigo olhar para fulano, o pastor errou comigo, a esposa errou comigo, lembro bem que minha sogra vinte e sete anos atrás fez isso...", e por aí vai.

A Bíblia revela sobre Aitofel: ele está perturbado, os ressentimentos o assustam; ele sabe que Davi vai vencer devido ao seu conselho ter sido rejeitado. Ele tem pensamentos de morte, mas sabe o que ele vai fazer? *"Vendo, pois, Aitofel que não fora seguido o seu conselho, albardou o jumento, dispôs-se e foi para casa e para a sua cidade; pôs em ordem os seus negócios e se enforcou; morreu e foi sepultado na sepultura do seu pai"* (2 Samuel 17.23 – ARA).

Respire profundamente. Eu sei o quanto o que você acaba de ler é assustador.

Aitofel vai ao encontro da própria morte. E alguns detalhes aqui merecem profunda atenção.

O homem sobe no jumento e volta para casa cheio de ressentimentos, de amargura e sentindo ânsia de morte. Mas não busca ajuda, nenhum tipo de ajuda. Pessoas vivendo situações semelhantes precisam de ajuda especializada urgente, mas também precisam da ajuda de pessoas próximas. O caminho do isolamento não é a melhor opção, e em um caso assim é a pior opção.

Sim, a situação está ruim, ele não busca nenhum tipo de ajuda, não pede socorro. Observe o que ele fará.

Ele ordena a casa dele. A palavra "ordenar" significa que ele vai dar orientação, vai determinar ações, vai cuidar das coisas, vai fazer um testamento pensando na sua morte.

Isso é ser uma pessoa competente, prevenida? O Espírito Santo iluminou-me fazendo-me perceber que não. Então seria espiritualidade? O Espírito Santo mais uma vez me permite compreender que não. Finalmente, entendo ser um tipo de "frieza", amortecimento de sentidos, no aguardo da iminente morte. Ele simplesmente "segue a vida" enquanto caminha para a morte.

Há pessoas que estão na véspera da morte, com o coração magoado, envolvidas em teias de deslealdade, sufocadas por ressentimentos, continuando a dar ordens, orientações, continuam ocupando um púlpito pregando, fazendo sua agenda diária, orando aos outros com imposição de mãos, pensando em cursar faculdade, "tocando a vida" como se nada tivesse acontecido! São tolos!

Como é que com uma alma aprisionada, saturada de ressentimentos, sentindo que vai sucumbir, quer continuar ainda ensinando, pregando, exortando, orientando os outros? Eu não posso ensinar nada agora; tenho de calar a minha boca pelo tempo necessário e pedir a Deus primeiramente para me curar. Olhe cuidadosamente para você: abrace-se! Acolha-se em amor! Busque ajuda. Não se obrigue a funcionar precariamente em meio ao caos.

Como é que com meu coração cheio de ressentimentos vou sair para comprar um carro? Como pensar em planejamentos, viagens, com a cabeça pesada por ressentimentos e ofensas?

Não é sobre desistir de fazer, mas sobre priorizar o que fazer. Certa vez, o Espírito Santo me deu uma ordem, e eu escrevi para lembrar sempre: "Vá cuidar da sua cabeça primeiro".

Eu obedeci, por isso você está lendo este livro agora. Eu obedeci e não morri. Ame, perdoe e viva!

Vemos muitas pessoas com o microfone na mão, visivelmente perturbadas, cheias de angústia e ressentimentos. Pegam o microfone e só sai fel, só sai amargura. E a Bíblia explica o porquê: "*Raça de víboras, como podeis vós dizer boas coisas, sendo maus? Pois do que há em abundância no coração, disso fala a boca*" (Mateus 12.34 – ARC).

Sim, as palavras refletem o estado do coração. Jesus está no Monte Gólgota para ser crucificado, suas palavras revelam o seu coração: "*Jesus disse: 'Pai, perdoa-lhes, pois não sabem o que estão fazendo'. Então eles dividiram as roupas dele, tirando sortes*" (Lucas 23.34). A situação era desafiadora e dolorosa,

> **Olhe cuidadosamente para você: abrace-se! Acolha-se em amor! Busque ajuda. Não se obrigue a funcionar precariamente em meio ao caos.**

mas o coração de Jesus tinha profunda paz.

Humildade para discernir os tempos da vida é vital para qualquer pessoa. Mas Aitofel não foi capaz de perceber isso, como muitos não o são. Eles não percebem que não estão no momento de ordenar nada a ninguém, não estão no momento de fazer testamento, de ficar em uma cadeira de destaque, dando direcionamentos.

"Ah! Mas foi Deus quem me colocou nessa cadeira, nessa função". Sim, ele o colocou nessa cadeira, mas você pode levantar-se dela quando necessário e pedir ajuda.

Você é mais importante do que a função que ocupa. Você tem de se levantar dessa posição e procurar ajuda. Líder, procure seu pastor. Se você é o pastor principal, pode buscar um amigo pastor e dizer: "Estou quebrado, sozinho, estou triste, tenho uma dor na minha alma que não sara". Não é demonstração de covardia, é demonstração de coragem.

Vejam a loucura de Aitofel: foi para casa, pôs tudo em ordem, saiu e se enforcou. Quem passasse por ali poderia dizer: "Hoje está com a corda toda, fazendo faxina"; "Seu Aitofel está cheio do Espírito Santo"; "Colocou os filhos lá e está dando ordens a todos eles"; "Seu Aitofel está em um culto doméstico; hoje está saindo brasa". Que equívoco! Viver de aparências é caminhar largamente para a morte.

Se você está lendo este livro, isso indica que está buscando ajuda. Deus o conduzirá! Ele trará pessoas para ajudá-lo. Aceite! Porque ressentimento dói e pode matar. Dobre os joelhos diante de Deus e diga: "Eu não quero ter o mesmo caminho de Aitofel". Deus entende, Deus vê, Deus age, Deus faz.

Se em algum momento de sua vida você pensar em desistir de viver, não se cale. Busque ajuda! Busque ajuda médica, ajuda psicológica, abra-se com alguém. Sentimentos assim podem nos assaltar, mas não podem nos dominar. Questione esse sentimento, converse com você mesmo como o salmista fez: *"Por que estás abatida, ó minha alma, e por que te perturbas em mim? Espera em Deus, pois ainda o louvarei na salvação da sua presença"* (Salmos 42.5 – ARA).

Vamos, alma! Reaja! É hora de sair da prisão. Deus ainda fará coisas lindas e grandes por você. Vamos, alma! Saia daqui. A prisão não é para você.

EU PERDOEI

"Depois de convertida, o Espírito Santo, por meio de sua Palavra, gritou aos meus ouvidos que, ao liberar perdão, eu não estaria apenas concedendo uma nova chance à pessoa que me feriu, mas também liberando a mim mesma de sentimentos negativos que me sufocavam havia muito tempo.

Durante o processo do perdão, busquei textos bíblicos para continuar cultivando minha dor. Eu me peguei gostando da ideia de ser a 'humilhada', estava tentando provar para Deus o quanto eu era boa e que valeria a pena investir em mim, como ele investiu em José. A verdade é que estava presa àquela declaração de que 'os humilhados serão exaltados'.

Mas um dia me deparei com Efésios 4.32, e uma espada me feriu: '*Sejam bondosos e compassivos uns para com os outros, perdoando-se mutuamente, assim como Deus os perdoou em Cristo*'.

Aprendi que o perdão humano reflete o milagre e a bondade do perdão recebido por Deus. Perdoar é uma decisão inteligente, não um sentimento. Eu olhei para a cruz, entendendo o que Jesus fez por mim.

Quando decidi superar, busquei entender o que a outra pessoa, nesse caso, meu pai, tinha vivido de tão difícil em sua vida para que, infelizmente, se comportasse de modo tão negligente em momentos sensíveis da minha infância, em que senti sua ausência.

Conversamos, e eu o entendi, pois, pela primeira vez, o vi chorar. Ele havia perdido minha mãe, a mulher que o amou e cuidou durante uma 'vida'. E, repentinamente, se viu responsável por duas crianças: uma menina com cinco anos e um menino com 12. Segundo ele, ter de conviver com o reflexo de alguém que se foi era doloroso.

Finalmente, quando entendi, eu o liberei de todas as coisas que ele não foi e não fez. Sim, ainda me lembro de todas as reuniões escolares às quais meu pai não compareceu. Ainda me lembro de todas as vezes que ele se esqueceu do meu aniversário. Ainda me lembro de todas as palavras de maldição que ele proferiu. Ainda me lembro, mas não sinto dor.

Percebi que, de fato, nesta vida, só damos aos outros aquilo que temos e que eu não queria repetir esse ciclo de amargura com meus futuros filhos.

Eu recebi de Jesus o perdão mais lindo desta vida e decidi que não iria retê-lo. Ele me perdoou de coisas que fiz e não fiz, só perdoou. Decidi manifestar esse perdão ao meu pai e a todos aqueles que, de alguma forma, a mim fizeram algo.

Fiquei mais leve, livrei-me da dor, dos ressentimentos e de tantos outros sentimentos que podem nos fazer mal espiritual e fisicamente.

Você pode não ter controle sobre o que fazem com você, mas pode decidir como tais coisas afetarão sua vida. Libere."

AMANDA SILVA
Pregadora

NA JORNADA

Leia a seguir as palavras que Jesus disse enquanto esteve na cruz. Em seguida, escreva abaixo de cada uma delas o que você decide, com base nessas afirmações, em relação a sua própria vida.

1. **PALAVRA DE PERDÃO:** *"Pai, perdoai-os porque eles não sabem o que fazem"* (Lucas 23.34).

2. **PALAVRA DE ESPERANÇA:** *"Em verdade eu te digo, hoje, estarás comigo no Paraíso"* (Lucas 23.43).

3. **PALAVRA DE CUIDADO:** *"Mulher: Eis aí o teu filho... Então disse ao discípulo: Eis aí tua mãe..."* (João 19.26,27).

4. **PALAVRA DE SÚPLICA:** *"Eli, Eli, lama sabactani? (Deus, meu Deus, por que me abandonaste?)"* (Mateus 27.46; Marcos 15.34).

5. **PALAVRA DE ACEITAÇÃO:** *"Tenho sede"* (João 19.28).

6. **PALAVRA DE VITÓRIA:** *"Está consumado"* (João 19.30).

7. **PALAVRA DE ENTREGA:** *"Pai, em tuas mãos entrego meu espírito"* (Lucas 23.46).

FALANDO COM DEUS

"Pai de Amor,

Graças eu te dou por chegar até aqui.
Graças te dou por caminhar comigo pela Jornada do Perdão.
Estou decidido(a) pela liberdade que Jesus Cristo conquistou na cruz.
Eu rompo agora pela fé nele com todo o ciclo de dor e morte. Eu quero viver a vida abundante que ele conquistou por mim.
Pai Santo, como teu amado filho Jesus fez na cruz do Calvário, eu também faço. Em fé e obediência à tua Palavra, eu perdoo quem me ofendeu.
Eu oro confiando inteiramente no poder do sangue purificador de Jesus. Eu oro no nome dele, Jesus, o Justo.
Amém."

CAPÍTULO 6

Conclusão

"A menos que você perdoe o seu próximo, estará lendo sua própria sentença de morte ao orar o Pai-Nosso."

– CHARLES SPURGEON

"Em quem temos a redenção pelo seu sangue, a remissão das ofensas, segundo as riquezas da sua graça."

– EFÉSIOS 1.7 – ACF

Aitofel morreu. Absalão morreu.

Rebeldes e ofendidos, eles buscaram esse triste fim. Assim como muitos ainda fazem hoje. A Bíblia nos alerta: *"Pois o salário do pecado é a morte, mas o dom gratuito de Deus é a vida eterna em Cristo Jesus, nosso Senhor"* (Romanos 6.23).

Não existe unicamente a morte física, que é a extinção da vida, o cessar do fôlego, o falecer... Existe um tipo de morte emocional, o aniquilamento dos sentimentos, das relações, da alegria, o cessar dos relacionamentos. E, por fim, também existe a morte eterna, a morte espiritual.

Não tenho dúvidas de que o ressentimento pode trazer a morte física. Alguém ressentido pode se colocar em uma conduta de risco que gera a morte ou ainda ter maior dificuldade no progresso de um tratamento por ocupar seus dias com a ofensa que sofreu. Quanto à morte espiritual e eterna, não podemos ignorar tamanha gravidade. Pessoas inquietas me procuram buscando saber se já blasfemaram contra o Espírito Santo. Elas temem ter praticado um pecado imperdoável. A maioria delas ignora algo muito mais perigoso. Sim, mais perigoso porque parece comum. Elas ignoram o que Jesus disse: *"Mas, se vós não perdoardes, também vosso Pai, que está nos céus, vos não perdoará as vossas ofensas"* (Marcos 11.26 – ARC).

Não perdoar é imperdoável! Como seguir sem o perdão de Deus? Impossível! Por isso, perdoar não é uma opção, é um mandamento. Não deixe o ressentimento matá-lo.

Ressentimento. Na língua portuguesa, "re-" indica retrocesso; repetição; reforço; oposição; nesse caso, é reiteração da dor provocada pela ofensa.

Algumas vezes, o ressentido não é alguém incapaz de esquecer ou perdoar; é alguém que não quer esquecer, recusa-se a libertar a ofensa e até mesmo o ofensor. Você não nasceu para acordar e dormir com o ressentimento lhe fazendo companhia todos os dias. Peça ao Espírito Santo: "Lava a minha cabeça, lava o meu coração, purifica-me".

Não perdoar é imperdoável! Como seguir sem o perdão de Deus? Impossível!

Ore como o salmista orou: *"Tira a minha alma da prisão, para que louve o teu nome; os justos me rodearão, pois me fizeste bem"* (Salmos 142.7 – ACF). O salmista orou por isso. Ore por você e por tudo que é importante para você.

É possível passar a vida em uma prisão e não morrer por isso. Sim, claro. Mas que tipo de vida limitada seria essa? Esse não é o desejo de Deus para você. Nunca foi! Seja livre, livre!

A Bíblia diz: *"Se, pois, o Filho vos libertar, verdadeiramente sereis livres"* (João 8.36 – ACF). Aleluia! O salmista quer ser livre para louvar o nome do Senhor. Ele não quer cantar dentro de uma gaiola invisível. Ele quer louvar em liberdade. E, então, o melhor acontece: quando nossa alma se torna livre, os justos nos rodeiam. Novas pessoas chegam, o cenário é alterado maravilhosamente.

Vamos lá, esse é o tempo! Esse é o tempo de Deus para você. Abrace seu marido, reconcilie-se com sua esposa, sorria novamente para aquela irmã que falou algo que você não gostou, ligue para sua sogra e diga: "A senhora é uma bênção, porque do seu ventre nasceu o meu marido". Abra seu coração e tenha a sua alma liberta. Você não vai morrer ressentido e ferido, em nome de Jesus!

Comece a trazer aos seus lábios o que a Palavra de Deus diz: *"Não morrerei, mas viverei; e contarei as obras do Senhor"*

Conclusão

(Salmos 118.17 – ACF). Há vida! É possível! Não importa o que foi e em que época aconteceu. Algo que você não entendeu, uma decepção sofrida, um ressentimento, uma mágoa que fez morada na sua cabeça e em seu coração. Seja o que for, sua decisão mais acertada será pelo perdão.

Você até pode não ter entendido algo que Deus fez e sua dor seja em relação a isso. Parece absurdo, mas acontece. Quando não confiamos inteiramente no amor de Deus, em nossa fragilidade, discordamos de suas decisões. Um sentimento muito comum na dor do luto. Sentimento que pode crescer e se tornar um ressentimento também. Entretanto, você pode declarar em fé: "Deus, eu confio no teu amor. Mesmo que eu não entenda tuas decisões, eu sei que tu me amas". Declarações assim podem começar a construir cercas poderosas em nosso coração.

Perceba que interessante: o verbo hebraico *nassah* significa também "levantar" e "levar embora", e este poderia muito bem ser o significado literal que deu origem ao significado metafórico de "perdoar". Sim, perdoar está diretamente ligado a levantar e levar embora, levar para fora, levar para longe, levar para um lugar onde não sinta vontade de rever, revisitar, reviver. Acabou! Perdeu o sentido, o valor, já não tem destaque, por isso não falo mais sobre o assunto nem permito que ocupe os meus pensamentos. Estou pensando em coisas novas. Exercício diário e decisão também: *"Pensai nas coisas que são de cima, e não nas que são da terra [...]"* (Colossenses 3.2 – ACF). Perdoe! A ferida cicatriza. Você pode até lembrar, mas não sentirá mais dor.

Algumas pessoas buscam fazer da dor seu estímulo de vida. Mas esse estímulo pode ser adoecedor. Segundo Jason Vallotton escreveu em seu livro *O Poder Sobrenatural do Perdão*, a dor é

Perdoe! A ferida cicatriza. Você pode até lembrar, mas não sentirá mais dor.

uma motivação muito fraca e uma conselheira pior ainda. Ele ainda acrescentou: "Não podemos viver em função da dor, assim como não podemos navegar em um mar revolto sem bússola. A visão do futuro é a bússola da vida". Esqueça o passado e veja pela fé o futuro.

Respire! Você está vivo. Você não é Aitofel.

Corrie Ten Boom — escritora e resistente holandesa que ajudou a salvar a vida de muitos judeus ao escondê-los dos nazistas durante a II Guerra Mundial e, por isso, foi presa em um campo de concentração — ousadamente em amor declarou assim: "O perdão é a chave que abre a porta do ressentimento e as algemas do ódio. É um poder que quebra as cadeias da amargura e os grilhões do egoísmo".

Perdoe agora e, quando for preciso, perdoe novamente.

HELENA RAQUEL

Conclusão

NA JORNADA

Declaração do Viajante da Jornada do Perdão

Busque um lugar reservado e leia em voz audível:

1. Eu sou livre porque Cristo me libertou completa e verdadeiramente.
2. Fui perdoado por Cristo e, por isso, também perdoo quem me ofendeu ou ofender.
3. Não carrego ressentimentos. Assim andarei com maior facilidade.
4. Tenho alegria em ver o cuidado de Deus comigo ao contemplar a vida, porque meus olhos foram abertos.
5. Diariamente, mantenho-me firme na decisão pelo perdão. Não abandonarei essa jornada.
6. Falarei de perdão a outras pessoas e serei agente de reconciliação.
7. Serei cuidadoso para não causar ofensas em quem quer que seja.
8. Encho minha vida com a Palavra de Deus, o Livro Sagrado. Assim sou escudado e orientado.
9. Amo a comunhão com os meus irmãos. Sei que estou unido a eles pelos laços do Calvário.
10. Mantenho minha vida de oração até o grande dia em que conversarei com o meu Pai face a face em sua glória eterna.

FALANDO COM DEUS

"Pai de Amor,

Neste momento, minha oração é intercessória. Oro por todos aqueles que precisam fazer a bela jornada do perdão, mas ainda não compreenderam isso. Especialmente aqueles que estão próximos a mim.

Hoje sei o quanto eles precisam viver isso. Mas também sei que só em ti eles encontrarão o caminho.

Pai Santo, usa-me como desejares para fazer conhecida a tua Palavra, o Evangelho de Jesus, que é capaz de proporcionar liberdade aos cativos.

Estou orando em confiança no teu amor, que é infinito, e tua graça também.

Em nome de Jesus, meu Libertador perfeito.

Amém."

CAPÍTULO 7

Helena Raquel responde

1

Uma vez desleal sempre desleal?

Claro que não! Pessoas mudam, vivemos tempos diferentes, aprendemos com Cristo, aprendemos com o sofrimento, a Palavra pode gerar em nós verdadeiro arrependimento. São vários os fatores que podem transformar o comportamento de uma pessoa.

Não podemos rotular pessoas, nem aceitar rótulos por causa de um episódio. Abraão não foi plenamente verdadeiro ao dizer que Sara era sua irmã, mas isso não fez dele o mentiroso. Episódios negativos, equívocos e pecados podem ser confessados e abandonados.

É importante lembrar que algumas vezes conceder uma nova chance ao outro é conceder uma nova chance a si mesmo. As coisas podem não ser iguais, mas podem ser melhores.

Medite

"Se confessarmos os nossos pecados, ele é fiel e justo para nos perdoar os pecados, e nos purificar de toda a injustiça."

(1 João 1.9 – ACF)

2

Há possibilidade de se livrar da deslealdade antes que aconteça? A pessoa dá sinais?

Sim, é possível se livrar da deslealdade antes que o pior aconteça, especialmente porque a pessoas emite sinais. Alguém que foi desleal com outras pessoas e não demostra arrependimento sincero pode sinalizar um relacionamento de grande risco. Tomemos, por exemplo, um cônjuge infiel, que nunca se arrepende e decide pelo divórcio. Certamente, terá grandes chances de, em um novo relacionamento, ser infiel, ser desleal novamente. Outro traço importante é observar como a pessoa age em relação à mentira. O mentiroso tem grande potencial para se tornar desleal. Até porque a mentira é um tipo de deslealdade.

Medite

"Ou fazei a árvore boa, e o seu fruto bom, ou fazei a árvore má, e o seu fruto mau; porque pelo fruto se conhece a árvore."
(Mateus 12.33 – ACF)

3

Quando alguém é desleal conosco, podemos até perdoar, mas há necessidade de conviver com essa pessoa novamente?

Na maioria das vezes, não temos interesse em retomar a amizade, o relacionamento, e até fugimos disso, porque de fato não perdoamos. Quando o perdão é verdadeiro e sincero, há também o desejo de, quando possível, retomarmos os laços e voltarmos a caminhar juntos. Examine seu coração e conclua se, ao não querer caminhar com alguém, de fato o tenha perdoado.

É natural que inicialmente nos sintamos deslocados, desengonçados, trêmulos como uma criança que acabou de se levantar de um tombo. No exemplo da criança, ela teme um pouco, mas volta a andar e até a correr. Experimente recomeçar de verdade.

Medite

"Peço-te por meu filho Onésimo, que gerei nas minhas prisões; o qual noutro tempo te foi inútil, mas agora a ti e a mim muito útil; eu to tornei a enviar. E tu torna a recebê-lo como às minhas entranhas."

(Filemom 1.10-12 – ACF)

4

Muitas vezes, a deslealdade tem ligação com *status* e dinheiro. Por quê?

O *status* e o dinheiro podem provocar a ganância e a inveja, e estas podem ser o combustível perfeito para ocorrer uma explosão de sentimentos pecaminosos que geram a deslealdade. Poucas pessoas admitem ter sofrido de inveja. Elas insistem que apenas sofrem pela inveja alheia, mas a inveja é um pecado que nos rodeia como qualquer outro. Uma vez que detectamos a inveja, devemos confessá-la ao Pai e abandoná-la imediatamente.

Caim invejou Abel e, por ganância, por querer a posição privilegiada diante de Deus ocupada por Abel, deslealmente o matou. Ainda hoje homicídios, guerras, rupturas acontecem provocadas pelos mesmos sentimentos. Busque o melhor para sua vida, mas não busque nada que já pertença a alguém, a menos que esteja à venda.

MEDITE

"Sejam vossos costumes sem avareza, contentando-vos com o que tendes; porque ele disse: Não te deixarei, nem te desampararei."

(Hebreus 13.5 – ACF)

5

Como perdoar alguém que a partir da segunda chance dada realiza um ato muito pior que o primeiro?

Perdoar alguém reincidente não é nada fácil. Jesus, conhecendo o coração do homem, deixa claro que o perdão deve ser ilimitado. Especialmente porque quando perdoo alguém por mais de uma vez, não estou beneficiando uma pessoa novamente, mas estou me beneficiando mais uma vez. Quando não perdoo, a maior prejudicada sou eu.

Quando perdoamos alguém, livramo-nos do ressentimento, e isso nos proporciona saúde emocional, paz com Deus. É muito comum, diante da decepção sofrida, diante da quebra da confiança pela segunda ou mais vezes, nos sentirmos culpados. Algumas vezes nos questionamos: "Por que eu acreditei novamente?". Ou ainda: "Eu não deveria ter perdoado". Mas lembre-se de que o erro foi do outro, e não seu. Você fez o que deveria ser feito. Perdão não é opcional; perdão é mandamento. Alegre-se por ter cumprido um mandamento de Deus.

Medite

"Não se aparte da tua boca o livro desta lei; antes medita nele dia e noite, para que tenhas cuidado de fazer conforme a tudo quanto nele está escrito; porque então farás prosperar o teu caminho, e serás bem sucedido."

(Josué 1.8 – ACF)

6

Por que diante de uma deslealdade somos tão tentados a ser desleais também?

Nesse caso, o coração da pessoa ofendida está clamando por vingança, e não por justiça. Existe no indivíduo o desejo ardente de que o ofensor sinta a mesma dor que ele, viva a mesma desonra ou vergonha que ele viveu. Embriagado pelo sentimento de vingança, o ofendido busca agredir com sua própria vida e conduta o ofensor.

É necessário lembrar-se de que a vingança humana não cura a dor da ofensa, não livra o coração da amargura e normalmente aumenta a dor e a ferida do coração. Todo caso de deslealdade e traição envolve a prática de um ou mais pecados.

Quando busco o caminho da vingança, acabo por cometer os mesmos pecados e até outros que o ofensor cometeu contra mim e contra Deus. Abra mão do desejo de vingança. A vingança nunca compensa.

MEDITE
"Não te deixes vencer do mal, mas vence o mal com o bem."
(Romanos 12.21 – ACF)

7

Existem casos em que é impossível a continuidade do relacionamento?

Sim! Existem casos em que é impossível a continuidade do relacionamento, mas não é impossível o perdão. Perdoe, deixe o outro seguir sozinho e siga sem ter o outro atado a você pelas cordas do ressentimento. Existem casos que envolvem violência, psicopatias e até riscos de morte. Não é possível conviver com alguém assim. Deus não exige isso de você. Busque um novo caminho, procure a ajuda de pessoas habilitadas e reconstrua a sua vida longe do que o fará padecer.

Medite

"Se for possível, quanto estiver em vós, tende paz com todos os homens."

(Romanos 12.18 – ACF)

8

Deus aceita o fato de eu não querer perdoar alguém?

Conhecemos a vontade de Deus pela sua Palavra. O que a Bíblia diz sobre o perdão? O perdão não é uma sugestão divina, o perdão é um mandamento. Deus quer sempre o melhor para os seus filhos, e ainda que você não consiga compreender agora, o caminho do perdão é o melhor.

Não há exceções! Deus não trata os seus filhos com diferença. Ele não abre mão dos seus princípios para mim ou para você. Todo pecado gera as suas consequências, todo aquele que não perdoa também as viverá. Caminhar pela estrada do perdão é o melhor caminho.

Medite

"E perdoa-nos os nossos pecados, pois também nós perdoamos a qualquer que nos deve, e não nos conduzas à tentação, mas livra-nos do mal."

(Lucas 11.4 – ACF)

9

Como perdoar o imperdoável?

Olhe para Jesus e para a cruz. Cristo nos perdoou, perdoou o que era imperdoável. Ele é o homem perfeito! Ele é o nosso maior exemplo de perdão.

Algumas vezes temos maior dificuldade de perdoar alguém por não enxergarmos o quanto fomos perdoados. Olhando para o amor de Cristo e para a minha condição humanamente caída e irreconciliável sem ele, sou motivada a usar de misericórdia com os outros, tal como Cristo usou comigo.

Medite

"Por isso te digo que os seus muitos pecados lhe são perdoados, porque muito amou; mas aquele a quem pouco é perdoado pouco ama."

(Lucas 7.47 – ACF)

10

Ressentimentos podem trazer adoecimentos?

Sentimentos como ressentimento e raiva podem adoecer sim. São as chamadas doenças psicossomáticas, quando o corpo apresenta sinais e sintomas para os quais exames médicos não conseguem descobrir uma origem orgânica.

Alguns pacientes chegam para tratamento encaminhados por médicos com quadro de dermatite, hipertensão, angina, problemas intestinais, entre outros, e mesmo fazendo uso de medicamentos a doença persiste.

Quando se vai pesquisar a causa, geralmente encontramos casos de raiva, ódio, ressentimento, que foram se acumulando e adoecendo a pessoa. (Consulta à Dra. Lídia Máximo, psicóloga.)

Medite

"Tendo cuidado de que ninguém se prive da graça de Deus, e de que nenhuma raiz de amargura, brotando, vos perturbe, e por ela muitos se contaminem."

(Hebreus 12.15 – ACF)

11

Se uma mulher cristã é vítima de violência doméstica, qual o seu conselho? Como liberar o perdão para esse monstro?

Denuncie o agressor.

Busque um lugar seguro para se abrigar. Jamais permaneça em situação de risco, silenciada.

Procure por ajuda especializada.

Não aceite meras "desculpas". Não há desculpas para o indesculpável.

Algumas vezes, o seu coração lhe sugere que você também tem culpa pelo que aconteceu; outras vezes, o próprio agressor sugere isso. Então, pensamentos a assaltam: "Se eu não tivesse dito aquilo...", "Se eu me comportasse de outra forma...", e por aí vai. Rompa com esses pensamentos.

Não há justificativas para que um homem agrida fisicamente sua mulher. E, embora não seja o tema, uma mulher também não deve agredir seu esposo.

Perdoe tudo, mas não aceite tudo.

Perdoar não é aceitar. Perdoar não é beneficiar quem a feriu tão duramente, mas é não lhe dar, através da mágoa, a condição de seguir ferindo-a.

Há vida após a dor! Esse não será necessariamente o último capítulo da sua história. Você pode e deve se abrigar em Deus, seu Pai, e prosseguir.

Viva, menina! Viva em Deus.

Medite

"Como é precioso o teu amor, ó Deus! Os homens encontram refúgio à sombra das tuas asas."

(Salmos 36.7)

12

Como perdoar uma traição e ainda ajudar o cônjuge que caiu?

Querida, muitas mulheres carregam essa responsabilidade que, por sinal, não é delas. Perdoe. Cuide da sua restauração pessoal.

Não há como evitar que o outro sofra os danos. Pecado tem consequência.

Algumas vezes, precisamos escolher qual dor vamos deixar doer, porque se assumirmos todas as dores, sucumbiremos.

Como casal, busquem ajuda. Mas não assuma o papel de erguê-lo. Esse papel não é seu.

Medite

"Pois, como sabes, ó mulher, se salvarás teu marido? Ou, como sabes, ó marido, se salvarás tua mulher?"
(1 Coríntios 7.16 – ARA)

13

Ajudei minha pastora por dois anos e, hoje, ela nem olha na minha cara. O que faço? Saio da igreja?

Você acredita que ela tem uma dívida com você. Eu também pensei como você mil vezes, mas só me dei mal. Porque a pessoa não reconhece a dívida e nós ficamos "balançando o boleto" e chorando.

O que você fez, fez. Devemos fazer como para Deus, e não aos homens.

Quanto a ela, lamento que se porte assim. Pastores precisam se colocar de forma diferente.

Quanto a você, perdoe! Libere! E, se for possível, busque a reconciliação.

Medite

"E tudo quanto fizerdes, fazei-o de todo o coração, como ao Senhor, e não aos homens."

(Colossenses 3.23 – ACF)

14

Sou vítima de abuso sexual. Isso aconteceu há anos. Faço terapia, mas preciso de cura.

Preciosa, chamou minha atenção você dizer "sou". Na verdade, você "foi".

Óbvio que o dano causado a coloca em posição de vítima ainda hoje. Mas, emocionalmente falando, você pode e deve dizer "eu fui".

O que você é hoje? Você é filha de Deus, amada por Deus. E ainda tem muito para se tornar. Sim, o que você foi não deve seguir definindo quem você é ou ainda quem você se tornará.

Deus é a fonte de cura. No amor e no perdão de Deus nos encontramos e encontramos todo o amor que buscamos.

Perdoe! Não porque o abusador merece perdão, mas porque você merece viver sem esse peso. Perdoar não é concordar com quem nos ofendeu; é concordar com Deus. Ora, se Deus me disse para perdoar, ele sabe exatamente o que está dizendo.

Você está em processo terapêutico, e minha orientação é que não abandone a terapia. Falar sobre seus sentimos e anseios será remédio para você também.

Volte a sorrir com esperança para o futuro. Deus já espera por você nele.

MEDITE

"Com o silêncio fiquei mudo; calava-me mesmo acerca do bem, e a minha dor se agravou. Esquentou-se-me o coração dentro de mim; enquanto eu meditava se acendeu um fogo; então falei com a minha língua [...]."

(Salmos 39.2,3 – ACF)

CAPÍTULO 8

Algumas gotas a mais

O IMPACTO DA OFENSA NA SAÚDE EMOCIONAL

A Bíblia é clara sobre o impacto que as palavras têm em nossa vida e sempre nos lembra como devemos ser cuidadosos ao usar nossas palavras, pois, de alguma forma, elas acabam criando uma realidade. Provérbios 12.18 diz: *"Há palavras que ferem como espada, mas a língua dos sábios traz cura"*. Diz também em 18.21: *"A morte e a vida estão no poder da língua, e aquele que a ama comerá do seu fruto"* (ACF). Esses versículos expressam o quanto as palavras podem ferir, matar, afastar, depreciar, diminuir, caluniar e afrontar através das ofensas proferidas por alguém. Elas podem ser carregadas de ódio, sarcasmo, maldade e ressentimento.

Muitas pessoas vão chorar mais na vida por ofensas que ouviram do que por uma agressão física. Não podemos esquecer que nossas palavras são sementes que vão produzir seus frutos na vida das pessoas ao nosso redor. A ofensa proferida através de humilhações, ameaças, intimidações e acusações também é um tipo de abuso emocional com consequências graves, que afetam a saúde mental, física e os demais contextos da nossa vida. A palavra ofensa vem do latim *offendere*, que significa "atacar, desagradar ou investir contra". É um ataque à autoestima, à dignidade, aos sonhos, às escolhas, através de palavras duras que podem deixar cicatrizes profundas.

As ofensas podem ocorrer dentro de relacionamentos familiares, profissionais e sociais, em que o ofensor tem como objetivo causar sofrimento por meio de palavras maldosas de crítica, desprezo, ironia, ameaças veladas, controle, xingamentos, palavras faladas com a intenção de confundir, fazendo muitas vezes com que a vítima perca o equilíbrio necessário para gerir a sua vida.

Os sinais da violência psicológica resultantes das ofensas são mais difíceis de interpretar, pois são subjetivas e, às vezes, sorrateiras, diferentemente da agressão física, em que a dor e as marcas são evidentes. As ofensas feitas constantemente desde a infância podem afetar o desenvolvimento cognitivo da criança, acarretam também distúrbios do apego, problemas de socialização, transtornos de ansiedade, transtorno de estresse pós-traumático e baixa autoestima.

Por mais que as ofensas sejam um tipo de abuso banalizado por alguns, que não conseguem mensurar seus impactos na saúde emocional, a pessoa ofendida constantemente pode enfrentar sintomas característicos de depressão, tais como: vontade de chorar, anedonia (perda da capacidade de sentir prazer ou se divertir), além da ansiedade, medo, perda da autoestima, insegurança, sentimento de culpa, problemas de relacionamento, traumas, mágoas e transtornos compulsivos.

Esse misto de sentimentos faz com que a pessoa se sinta muitas vezes como alguém incapaz e impotente diante da vida, gerando assim um nível alto de estresse e um estado de alerta permanente. A pessoa começa a acreditar mais no que dizem sobre ela do que no que, de fato, ela sabe que é. A partir disso, um processo de autossabotagem começa a se desenvolver. Esse processo evolui de forma velada a ponto de tarefas consideradas simples serem encaradas como um desafio impossível de ser concluído.

Como já foi dito no corpo do texto, o impacto da ofensa na saúde emocional é extremamente subjetivo, ou seja, é absorvido por cada indivíduo de maneira única. A ofensa pode gerar sentimentos distintos e contrários. A dor da ofensa não pode ser mensurada e nem mesmo ignorada pelos de fora, tal como não deve ser supervalorizada pela vítima. O autoconhecimento e confiança em si mesmo é o maior antídoto para a ofensa. Quando a pauta é ofensa, conhecer seus dons, talentos e qualidades é questão de sobrevivência.

Todos, em algum momento da vida, podem passar pela dor da ofensa. Porém, o mais importante é como vão reagir às afrontas e às mágoas causadas por elas, blindando o coração com o perdão, que faz com que a pessoa se livre de sentimentos arraigados como ressentimento, desejo de punir, amargura, ira, ódio e outras emoções tóxicas, que adoecem tanto emocional quanto fisicamente. Assim cancelam a dívida que acreditam que o outro lhe deve.

Em 1 Pedro 2.23 está escrito: *"Quando insultado, não revidava; quando sofria, não fazia ameaças, mas entregava-se àquele que julga com justiça"*. Jesus, nosso maior exemplo, entendia a importância do perdão, entregando o ofensor nas mãos de Deus para ser tratado por ele, sabendo também que ele cuidaria das situações dolorosas, das memórias e das feridas causadas.

LÍDIA MÁXIMO
Missionária e Psicóloga Clínica

ESCOLHA A LEALDADE

Ser leal. Ser humano. Repelem-se? Chocam-se? A natureza do pecado, a herança indesejada, a raiz maldita traz no DNA a deslealdade. O ser humano fez sua humanidade reduzir-se àquilo que sabemos sobre ela na reprodução da deslealdade, na aceitação da sugestão do desleal, que desejou fazer do jardim da comunhão o jardim de infância da deslealdade, alfabetizando o homem na mais vil das linguagens. Ser leal, portanto, é um franco triunfo, um golpe de subjugação dessa natureza.

Se plantada foi a deslealdade, a excelência do caráter a suplanta. A lealdade é a vitória sobre o instinto, o ser mais que o bicho. A surpresa boa quando não se esperava vir de alguém — "Veja só... logo de quem...". O alívio incontido de ter vindo de quem se esperava — "Veja só... ainda bem...". Leal.

Escolha ser, ser humano! Escolha e seja. Seja escudo, seja espada, seja riso, seja lágrima. Seja leal. Se chamarem de cega sua lealdade, esclareça, pacientemente, que a visão é intrínseca à lealdade. Que a lealdade enxerga sim e muito bem. Mas ela tem suas próprias lentes e toma suas decisões a partir de certos códigos que nunca farão sentido para quem é desleal. Ser humano sou.

Inteligente sou para mim, articulado sou para mim, mas leal sou para alguém. Leal é sobre mim, parte de mim, define a mim, mas se expressa em alguém. Eis, pois, a beleza e a grandeza de ser leal: não existe egoísmo na lealdade. Lealdade não é um solo, é um duo, um coro...

EDUARDO GONÇALVES

Pastor e pregador

LIVRE-SE DO RESSENTIMENTO

Essa palavra e seu significado trazem todo o peso que lhe cabe. O ressentimento está diretamente ligado a angústias ou mágoas ocasionadas por ofensas, por desfeitas, por um mal causado por outra pessoa ou ao que, algumas vezes, chamamos de rancor.

O que melhor define o ressentimento é a ação ou o efeito de voltar a sentir algo, reviver um sentimento guardado. Passamos a vida inteira guardando sentimentos. Nutrimos carinho, afeto, admiração e respeito. Amamos intensamente alguém, nos apaixonamos, nos enamoramos, construímos amizades e isso vai nos preenchendo de sentimentos saudáveis.

Até que em meio a tantos sentimentos fortes vivemos alguma frustração, ou decepção, e parece que todos aqueles sentimentos positivos são totalmente dominados por uma "coisa" chamada mágoa.

Nem sempre o ressentimento envolve uma segunda pessoa; temos diversos casos de ressentimento pessoal. Quando o indivíduo mergulha nas suas emoções negativas e revive sentimentos direcionados a suas escolhas, suas decisões não acertadas, suas falhas. Deixar de lado a postura de eterna vítima e passar longe do muro de lamentações não é algo fácil, porém possível. Nesse momento você está diante de duas portas: Perdão x Ressentimento. A ação de perdoar, ou seja, aceitar ou pedir desculpas, é capaz de anular tudo o que envolve o ato da mágoa, enquanto o ressentimento é um convite diário para reviver cada instante do motivo causador do sentimento mau.

O ressentimento vem carregado de acusações. Ele cega as possibilidades de remissão, de perdão. Ele é, de fato, uma sala de sentimentos, que o leva a revisitar suas emoções negativas todos os dias. Ainda que lhe seja custoso, só é possível perdoar quando se cresce interiormente. Não existe intervenção cirúrgica que arranque da sua mente as lembranças dolorosas que o afetam, e sabemos o quanto é complicado conviver com a dor, mas você pode superá-la. O milagre do perdão está na sua capacidade de diluir o que parece resistente.

Temos um ingrediente que, unido ao perdão, desfaz todas as barreiras e elimina o ressentimento. Em 1 Coríntios 13, lemos que "o amor não se ressente do mal". Aí está a chave que libera a porta do ressentimento: o amor. O amor não comporta tal sentimento; ele ocupa todo o espaço e conduz aos caminhos do perdão. Talvez esse seja o momento de pedir a Deus o amor suficiente para perdoar e ser livre da sala dos ressentimentos. Lembro-me de Jesus na cruz dizendo: *"[...] Perdoa-lhes, pois não sabem o que estão fazendo [...]"* (Lucas 23.34), eis o maior exemplo. O Mestre demonstrando como podemos vencer os ressentimentos e reconstruir nossos relacionamentos. Ele deixou naquela cruz as afrontas, as humilhações e a vexação sofrida. Viver ressentido é caminhar por uma estrada de autoflagelo, é um sacrifício que você não merece.

Busque em Cristo Jesus amar de forma tão intensa que os sentimentos de tristeza, mágoa e dor sejam somente vividos. Isso mesmo, você tem o direito de viver momentos de tristeza, de mágoa e dor, mas reviver, ressentir, é uma escolha sua. Escolha viver como Jesus e deixe na cruz, deixe no altar os ressentimentos e prossiga livre de todo fardo.

Quando surgirem os sentimentos negativos, entregue-os a Jesus: *"Lançando sobre ele toda a vossa ansiedade, porque ele tem cuidado de vós"* (1 Pedro 5.7 – ACF). Escolha abandonar o ressentimento, entregando toda dor a Jesus. Deixe a justiça com Deus e confie nele. Quando você depende de Deus, ele o ajuda a viver em amor, livre do ressentimento.

ANDRÉ BRANDÃO CYPRIANO
Bacharelando em Teologia

ENTENDENDO O PERDÃO

A palavra perdão significa: remissão de pena, ofensa ou dívida. Jesus, na oração do Pai-Nosso, entre algumas petições, nos ensina: *"Perdoa-nos as nossas dívidas, assim como nós perdoamos aos nossos devedores"* (Mateus 6.12 – ARC). Jesus sabia o quanto precisaríamos perdoar, para que também fôssemos alcançados pelo perdão. *"Porque, se perdoardes aos homens as suas ofensas, também vosso Pai celestial vos perdoará a vós. Se, porém, não perdoardes aos homens as suas ofensas, também vosso Pai vos não perdoará as vossas ofensas"* (Mateus 6.14,15 – ARC).

Jesus nos ensinou na prática o significado e a necessidade do perdão. Perdoando os que o desprezaram, humilharam, zombaram e o crucificaram. *"Pai, perdoa-lhes, pois não sabem o que estão fazendo"* (Lucas 23.34 – ARC). Perdoar não é uma opção. É uma ordenança bíblica: *"Antes, sede uns para com os outros benignos, misericordiosos, perdoando-vos uns aos outros, como também Deus vos perdoou em Cristo"* (Efésios 4.32 – ARC).

CELY LADISLAU
Pastora e pregadora

E QUANDO AMAMOS O DESLEAL?

"Amando tu aos teus inimigos, e odiando aos teus amigos. Porque hoje dás a entender que nada valem para contigo príncipes e servos; porque entendo hoje que se Absalão vivesse, e todos nós hoje fôssemos mortos, estarias bem contente" (2 Samuel 19.6 – ACF).

A opinião de Joabe é circunstancial; não determina o que de fato Davi sente. Davi não queria a morte de seus príncipes e servos, nem a morte de sua família ou amigos em troca da vida de Absalão. Jamais alguém com um coração que agrada a Deus ficaria contente com isso, ainda que fosse para livrar seu próprio filho.

Para que Absalão escapasse, todo o povo teria de perecer, de certo por isso Davi também estaria lamentando muito. A prova é que, ao ouvir Joabe, Davi se levanta e se assenta à porta a fim de que todo o seu povo saiba de sua consideração por eles.

Porém, o fato é que ao ser notificado da morte de Absalão, que era seu filho, mas também seu declarado inimigo, Davi ficou tão abatido, que cobriu seu rosto e só ficava lamentando e chorando a morte de Absalão em alta voz, dizendo: "Absalão, meu filho! Meu filho!", a ponto de os seus príncipes e servos, ou seja, aqueles que eram com ele, e não contra ele como Absalão, se constrangerem em fazer qualquer tipo de celebração pelo livramento que Davi e eles receberam com a morte de Absalão.

Logo, há razão de Joabe expressar tal opinião, que não determina o que Davi sente, mas com certeza expressa como o povo se sente por causa do seu abatimento.

Se para Absalão Davi é pai, para o povo Davi é seu rei. Seus príncipes, seus servos, seu povo (aqueles que fugiram de Absalão por amor de Davi, aqueles que escolheram Davi em vez de Absalão) entraram cada um para suas tendas cobertos de vergonha por causa da reação de seu rei. Obviamente, de certa forma inferiorizados, não por Davi sentir o que sentiu por Absalão, mas por ver que Davi não sentiu nada por eles.

O coração de um pai sempre será leal ao seu filho. E o coração de um rei sempre deve ser leal ao seu povo.

- O povo pode suportar a dor de um rei que perde o filho, por mais que esse filho seja inimigo de seu rei e de seu povo; mas o povo não suportará que em razão dessa dor o rei se "esqueça" de quem ficou.
- Não pode ser a dor pelo desleal maior do que o consolo dos leais! Maior do que os que estão! Os que ficaram!
- Não se faz nada do que se foi, mas tudo se refaz do que se resta.

Por isso, Joabe o alerta, no versículo sete, que maior tragédia Absalão lhe fará depois de sua morte do que tudo de ruim que Davi já viveu desde a sua mocidade até agora: se permanecer abatido assim diante do seu povo. Se assim ficasse, não lhe sobraria nada. Não lhe restaria ninguém.

Todo líder, assim como Davi, também é ou tem um filho, um irmão, um pai... E já teve ou terá na vida alguma circunstância em que não será possível desmembrar quem ele é do que ele faz. Então, nossa palavra aqui é de despertamento, acompanhado de consolo para melhor direcioná-lo nessa situação.

Não permita que o mal que o desleal lhe fez enquanto presente na sua vida continue lhe fazendo ainda mais mal depois de sua partida! Levante-se e se assente diante dos seus liderados, dos que ficaram. Olhe para eles. Dos que escolheram você. Deixe-os saber de sua consideração por eles apesar de sua dor. Permita-se ser consolado(a) pela consideração que eles têm por você e pare de expor em alta voz, de dia e de noite, o seu lamento pelo traidor que queria matar você e os seus.

CAMILA BARROS
Pastora e pregadora

Depoimentos

"Este é um livro desafiador, capaz de abalar nossa estrutura e nos levar a um nível de autorreflexão que muitas vezes nós mesmos não nos permitimos alcançar. Com uma revelação vinda diretamente do trono de Deus, a pastora Helena Raquel resgata a história de Aitofel — registrada na Bíblia, mas tão desvalorizada por nós!

Ao ser confrontada com a história do personagem central do livro, inicialmente eu me perguntei: 'Quem foi Aitofel? Por que não devo ser como ele?'. E, em seguida, continuei com meus questionamentos: 'Como eu posso ter lido a Palavra tantas vezes e agora não me lembrar desse personagem? Por que algo tão importante não ficou gravado em meu coração?'. Mas ao terminar a leitura do livro, pude concluir que a história de Aitofel passa despercebida por nós porque, quando compreendida, acende uma luz sobre áreas até então obscuras em nossas vidas e faz com que o Espírito Santo adentre portas que nós preferiríamos manter trancadas para sempre.

O grande conselheiro do rei Davi ensina que todos nós, diante dos dissabores da vida, estamos sujeitos a deixar que a erva daninha chamada "falta de perdão" crie raízes em nosso interior e destrua por completo nossas vidas, famílias, amizades e ministérios.

Cheguei ao final do livro quebrantada, parafraseando o salmista: 'Sonda-me, Senhor, conheces o meu coração, vê se há em mim alguém que eu ainda precise perdoar e me ajuda a liberar o perdão!'. E, de fato, a partir desse momento, Deus me conduziu e me ajudou a restabelecer uma relação rompida há anos pelo terrível ressentimento. Acredite, Ele pode e Ele faz!

Portanto, querido leitor, desejo que estas páginas façam com que a oração do Pai Nosso — 'perdoe as nossas ofensas como temos perdoado a quem nos tem ofendido' — passe de uma mera repetição a uma sincera petição, que fará com que você deixe definitivamente de ser Aitofel para se tornar um homem segundo o coração de Deus!"

SOLYANA COELHO
Psicóloga, escritora e seminarista

"Olá, querido leitor. É um prazer conversar com você sobre minha experiência com este livro. Quando a pastora Helena me fez esse convite, a minha preocupação foi de como resumir tantas sensações vividas com a leitura de um livro que, se grifarmos as falas importantes, grifamos ele todo. Pois bem, tarefa nada fácil.

Lembro-me bem do dia em que estive com o livro em mãos pela primeira vez. Na saída de um evento em um hotel, fui para casa, distância de 4 horas e meia de viagem. Nesse caminho, fui começando a leitura. A viagem se tornou mais curta, o livro já começou a tomar conta de mim. Um misto de emoções, a mistura de gratidão a Deus por saber que o que lia era, no momento, resposta de Deus para mim, o confronto para reparar o que precisava de reparo com o alívio de ser abraçada pelas narrativas contidas nele, que são tão reais.

Não é só um estudo bíblico sobre Aitofel, o que já seria incrível, mas a leitura nos faz o tempo todo nos colocar no lugar do próprio.

Foi para mim urgente, bálsamo na estrada, remédio de dose única. Foi para mim, assim como pode ser para você. Lidar com a deslealdade não é fácil. Como pastora, precisamos aprender, pois sangrar no púlpito é um grande erro e descompromisso com Deus diante de quem Ele é e do que merece receber de nós.

Como diz o livro, lealdade exige escolha e nem sempre todos escolhem ser leais. Muitas estão abandonando seu chamado porque agiram como Aitofel, fugindo do confronto, do olho no olho, e deixando o ressentimento crescer, sem saber lidar com ele.

Aprenda que sim, é possível se livrar da deslealdade! O livro nos ensina e nos encoraja a negar essa personalidade destrutiva, portanto, se você está doente por ressentimento, eu o convido a ler e reler este livro, que não é para ser lido uma só vez. Afinal, na vida não perdoamos uma só vez, mas sempre que houver necessidade temos o desafio e a ordem de Deus para perdoar. Gratidão a Deus por essa potente ferramenta de cura que nos foi dada através da vida dessa escritora incrível e cheia de Deus, Helena Raquel."

DAMIANA VELASCO
Pastora

"Enquanto estava lendo o livro, eu de fato tive a experiência de sentir Jesus ao meu lado. O primeiro livro que li em exatas 3 horas, pois meus olhos corriam como se ansiassem por aquela fonte que estava jorrando. As lágrimas foram inevitáveis; afinal, quem nunca foi Ailtofel? Ou lidou com um?

Quem já ouviu a pastora Helena de perto sabe que ler o livro é como ouvi-la de perto também. E que experiência! Digna de muitos replays."

KEMILLY SANTOS
Cantora e compositora

Esta obra foi composta em *Kings Caslon*
e impressa por Gráfica Expressão e Arte sobre papel
Offset 90 g/m² para Editora Vida.